La Inseguridad:

¿Te sientes seguro en el mundo digital? Piénsalo dos veces

La Inseguridad:

¿Te sientes seguro en el mundo digital? Piénsalo dos veces

David Carracedo Martínez

David Carracedo Martínez

2014

First Printing: 2014

ISBN 978-1-326-11647-7

David Carracedo Martínez
Santa Tecla 12 Bajo
Narón, A Coruña. 15570 Spain

www.mundofido.com

Dedicatoria

Dedicado a mis alumnos, que han tenido que escuchar estas historias una y otra vez y a mi hijo, que las tendrá que escuchar otras tantas.

Contenido

Agradecimientos

Este libro no podría haber sido posible de no ser por el apoyo técnico de Tunelko, que me inició hace tiempo en el mundo de la seguridad y continúa enseñándome cosas nuevas cada día.

Gracias también a Ely, Rosa y Gonzalo por ayudarme con el proceso de revisión y por darme ideas para mejorar la calidad del libro.

Prefacio

La idea original del libro "La Inseguridad" era transmitir una visión lo más realista y cruda posible del estado actual de la seguridad informática en relación con un usuario doméstico.

A medida que el libro iba tomando forma, me di cuenta que el panorama era bastante desolador, y me vi obligado a incluir algunas secciones con consejos y buenas prácticas para poder mitigar el posible daño de los ataques que se explican en estas páginas.

No quiero engañar a nadie, todo lo que se escribe en este libro es real, de hecho es bastante habitual, y prácticamente todo el mundo puede ser en un momento u otro objetivo de alguna de estas prácticas, pero esto no tiene por qué ser un obstáculo para el uso de la tecnología, sino sólo una advertencia sobre la importancia de ser cautos en el uso de la misma y de aplicar el sentido común como lo aplicaríamos en otras situaciones de la vida cotidiana.

Los métodos utilizados en este libro, aunque son métodos reales, no están exhaustivamente explicados paso a paso, puesto que tampoco pretenden ser una guía para ciberdelincuentes aunque creo que la única manera efectiva que tenemos los demás para protegernos de estas amenazas es conocer los métodos que utilizan para poder neutralizarlos.

Por último, recordar que según la legislación española, auditar nuestros propios sistemas no es ilegal, pero si lo es auditar los de un tercero sin consentimiento expreso, así como eliminar o modificar cualquier tipo de información que no sea propia, por favor, usad el conocimiento adquirido en este libro o en otros medios con responsabilidad y con el objetivo siempre de mejorar la seguridad.

Introducción

Las fugas de información en las empresas, el robo de fotos comprometidas de famosos en sus momentos más íntimos, las cámaras de seguridad que publican las imágenes de lo que se supone tienen que proteger, o las grandes filtraciones de datos de millones de usuarios que almacenan sus archivos en algún servicio de "la nube".

Todas estas situaciones tienen varias cosas en común, pero la más evidente es que han ocupado horas y horas, páginas y páginas en los medios de comunicación tradicionales que se han encargado de señalar lo frágil que es la seguridad en Internet y asociarlo a peligrosas bandas de hackers que se dedican a hacer el mal de manera global e indiscriminada.

Si bien es cierto que en la mayoría de las situaciones hay una intención evidente de hacer daño detrás de estos ataques, la verdad es que quien está detrás no son hackers peliculeros con conocimientos sorprendentes y técnicas supersofisticadas como nos hacen creer en la televisión, en realidad la mayoría de las veces el acceso a la información es tan trivial que cualquier persona que sepa abrir un navegador y buscar en google sería capaz de encontrar gran cantidad de estos datos privados.

La culpa: generalmente del usuario que comparte los datos y por falta de conocimiento, dejadez, desinterés o una mezcla de todo ello, expone sus datos a medio mundo sin ser de verdad consciente de que existe en realidad un mercado que se dedica a recopilar información privada de personas sin importar si son Scarlett Johansson o si son tan desconocidas como tú o como yo.

En las siguientes páginas veremos ejemplos reales de fugas de información que han ocurrido o que están ocurriendo hoy en día y que cualquiera sin conocimientos técnicos puede comprobar, una situación que parece mantenerse en el tiempo y que a nadie parece importarle.

Bienvenidos a la era digital, donde todo está en la nube, donde tus datos son más públicos de lo que piensas y donde existen millones de personas, empresas, organizaciones y gobiernos interesadas en tu información personal. Bienvenidos a la inseguridad.

Capítulo 1: Los 5.900.000 ojos del Gran Hermano.

George Orwell describió en su libro "1984" una sociedad dictatorial en donde el poder único e ilimitado del gobierno controlaba absolutamente las libertades individuales de las personas con el supuesto objetivo de velar por su seguridad y por un bien común que parecía sospechosamente beneficiar a sólo unos pocos.

Entre otros métodos de control, en esta sociedad se vigilaba a la población con cámaras situadas tanto en lugares públicos como privados para detectar elementos peligrosos para la sociedad, pero en realidad los fines eran mucho más perversos y en realidad el gobierno los usaba para detectar posibles disidentes a la forma de pensar oficial.

Mucho se ha escrito sobre cómo nos dirigimos inevitablemente hacia una sociedad similar, incluso se han descubierto en los últimos años proyectos de espionaje masivo por parte de los gobiernos occidentales que tenían como objetivo no solo elementos peligrosos sino sus propios ciudadanos.

Un ejemplo de esto es el proyecto PRISM, desvelado por el ex-agente de inteligencia de EEUU Edward Snowden, en donde se ha espiado a gran escala a todo ciudadano que vive fuera de EEUU e incluso a aquellos ciudadanos estadounidenses que hayan mantenido en algún momento contacto con personas que viven fuera del país, todo ello realizado sin conocimiento alguno de los ciudadanos que estaban siendo espiados y contando con la colaboración de compañías de gran importancia como Apple, Microsoft, Facebook o Google.

Seguramente cuando Orwell escribió su libro, ni se le pasó por la cabeza la gran cantidad de recursos técnicos que supondría procesar toda la información que sólo estas cuatro compañías que acabo de mencionar generan al día, pero el caso es que se ha hecho, la tecnología actual y una gran cantidad de medios han posibilitado que todo eso se procese, o mejor dicho, se esté procesando, porque en realidad no hay ningún indicio de que el programa PRISM se haya detenido, es decir, que ahora mismo alguien puede estar tranquilamente leyendo tus conversaciones en Facebook desde alguna oficina de la NSA en USA, tierra de las libertades.

Evidentemente de lo que se sabe gracias a esta y otras filtraciones a lo que realmente suceda puede haber un mundo, pero nos da una idea del interés de estas agencias por los datos privados de los ciudadanos y de cómo se destinan medios a recopilar esta información.

Pero volviendo al tema de las cámaras, voy a poner algunos ejemplos de configuración de las mismas que hacen que estemos más expuestos de lo que pensamos

Cámaras inseguras

Hoy en día todo el mundo tiene una webcam, son dispositivos baratos y pueden usarse tanto para hacer una videoconferencia como para montar un sistema de vigilancia "low cost" para un pequeño negocio o para la puerta del garaje. Existen además modelos de cámaras IP a las que se puede acceder desde cualquier ordenador de la misma red, o ya puestos y con la configuración adecuada, desde cualquier lugar de Internet.

Para convertir una webcam en un dispositivo de vigilancia se puede usar algún programa destinado a tal efecto.

Voy a poner un ejemplo con un software que usan cientos de miles de personas: WebcamXP.

Si vamos a la página de este software nos encontramos con la siguiente descripción:

"webcamXP is the most popular webcam and network camera software for Windows.

It allows you to monitor your belongings from any location with access to Internet by turning your computer into a security system. "

Es decir, que nos permite ver desde cualquier lugar de internet lo que sucede en nuestra cámara convirtiendo a nuestro PC en un sistema de seguridad.

Además tiene una versión gratuita que permite conectar un par de cámaras para uso personal.

¡Suena bien!

Voy a descargarlo e instalarlo.

La instalación es bastante sencilla, el único paso en el que puedo seleccionar algo es el de marcar o no la función de cámara IP, que he dejado marcado como está por defecto.

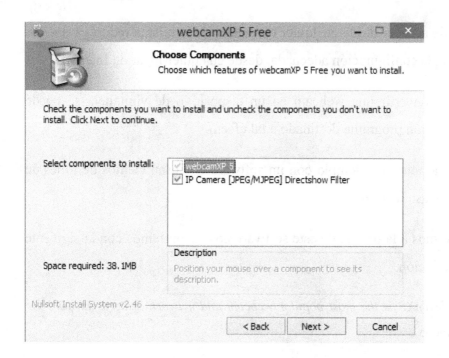

Una vez instalado configuro una webcam que tengo conectado al pc y queda tal que así:

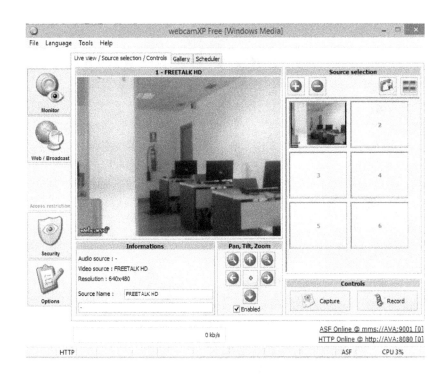

Según pone ahí abajo puedo conectarme poniendo la dirección de mi PC:8080 en un navegador para verlo desde otro sitio, probemos.

Efectivamente, he abierto un navegador en otro pc y puedo ver la... eh.. un momento, ¿puedo ver la cámara?... ¡puedo ver la cámara! Sin ningún tipo de control, ni usuario, ni contraseña ni nada de nada.

Y si puedo verla yo de esta manera puede verla cualquiera que sepa simplemente dos cosas: mi dirección IP y que estoy usando este software.

Además, los más técnicos que estén leyendo estas páginas se habrán dado cuenta de que la dirección que he puesto para conectarme a la cámara es una dirección privada, es decir, que sólo funciona dentro de la propia red de la empresa, y por lo tanto en mi caso solo podrían ver la cámara los alumnos que estuvieran en este caso en los ordenadores de mi propio local, lo cual no es mucho consuelo, pero es considerablemente mejor que exponer mi webcam a todo el mundo.

Así que empezaré resolviendo esto último para los más técnicos, e intentaré hacerlo de una forma fácil de entender porque en realidad esto no intenta ser un tutorial para informáticos, sino una forma de resaltar la gravedad del asunto.

Resulta que efectivamente, la dirección IP de mi ordenador es privada y nadie fuera de la red puede acceder a ella... Bueno, a no ser que alguien, de forma intencionada, hiciera una configuración en mi router de conexión a internet dirigiendo las peticiones externas precisamente a mi IP privada.

Para entendernos, es como si llamas a una centralita telefónica y directamente te pasan con una extensión determinada, obviamente es algo que habría que hacer de forma intencionada y en este caso nadie en su sano juicio haría tal cosa sin antes tomar las medidas adecuadas para que no se pudiera ver la cámara sin antes poner una contraseña o algo similar.

Pero...

El problema está en que existe una forma de que esto se haga de forma automática.

Si, habéis leído bien, alguien en algún momento consideró que es una buena idea exponer de forma automática todo tipo de servicios al exterior, permitiendo que otra gente se conecte a ellos independientemente de que tu dirección sea privada o no.

Este invento del infierno se llama UPnP y esperemos que nuestro software de vigilancia no lo use porque si no..oh oh, terrible sospecha, voy a comprobar el UPnP en mi router a ver que me encuentro.

Status: UPnP & NAT-PMP Status

Clear | all currently connected sessions.

Port	Protocol	Internal IP	Int. Port	Description
6881	tcp	192.168.50.1	6881	BlizzardAgent/1.15.6.3526 at 192.168.50.1:6881
6881	udp	192.168.50.1	6881	BlizzardAgent/1.15.6.3526 at 192.168.50.1:6881
47995	tcp	192.168.50.1	47995	GameStream
47996	tcp	192.168.50.1	47996	GameStream
35043	tcp	192.168.50.1	35043	GameStream
47989	tcp	192.168.50.1	47989	GameStream
47984	tcp	192.168.50.1	47984	GameStream
48010	tcp	192.168.50.1	48010	GameStream
47999	udp	192.168.50.1	47999	GameStream
47992	udp	192.168.50.1	47992	GameStream
47998	udp	192.168.50.1	47998	GameStream
48000	udp	192.168.50.1	48000	GameStream
echo	udp	192.168.50.1	7	GameStream
discard	udp	192.168.50.1	9	GameStream
47989	udp	192.168.50.1	47989	GameStream
9001	tcp	192.168.50.1	9001	Windows Media Format SDK (webcamXP.exe)

Sospecha confirmada.

Entre otras conexiones aceptadas, de lo más diverso, me encuentro con que el programita en cuestión ha añadido de forma automática una entrada a UPnP, con el objetivo de que sea fácil (y tanto) conectarse desde el exterior a mi webcam.

De todas formas lo hace en el puerto 9001, no en el 8080, pero eso quiere decir que aunque no podamos usar el navegador, si podemos usar el Windows Media Player o el VLC por ejemplo.

Pruebo desde un servidor situado en Francia con el VLC.

Primero averiguo mi IP pública.

Le digo al VLC en el servidor en Francia que abra esa IP, con el puerto que amablemente UPnP ha abierto por mi.

Y ahí tengo mi cámara. Entonces realmente SI está expuesta a todo el mundo, así que de entrada desinstalo el programita y sigo con la explicación, porque personalmente no me hace mucha gracia el que cualquiera pueda ver lo que está pasando en mi local, aunque ahora mismo no sea muy interesante.

La segunda cuestión sobre este tema es que además de que la cámara tiene que estar expuesta, que acabamos de comprobar que lo está, tiene también que estar localizable.

En mi ejemplo he hecho una pequeña trampa, porque yo ya sé que hay una cámara con este software en esta dirección, y sé la dirección porque es mi dirección, así que se podría pensar que sin saber estos datos nadie jamás encontrará la cámara, porque es como buscar una aguja en un pajar. Al fin y al cabo mi dirección IP es una entre exactamente 4.294.967.296 posibles, así que las posibilidades de que alguien apunte justo a mi IP con la intención de ver una cámara justo con este software son astronómicas.

Nada más lejos de la realidad.

Voy a presentar a otro de los protagonistas de este ejemplo: Shodan.

Shodan es un buscador, como google o Yahoo!, solo que este buscador no almacena el contenido de las webs, sino la tecnología que se usa en los servidores que alojan estas webs u otros servicios.

¿Vais viendo a donde quiero llegar?

Exacto, si alguien busca ordenadores que como tecnología usen WebcamXP me podría encontrar a mí.

Vamos a probarlo también.

Entro en https://www.shodan.io/ y busco por ejemplo: WebCamXP 5, que es la versión que tengo instalada.

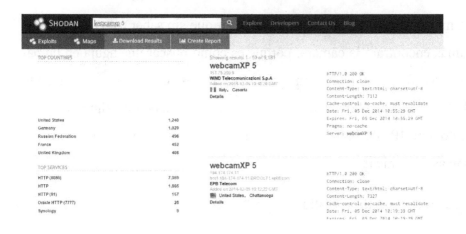

Y aquí tenemos los resultados, hay ni más ni menos que 9181 cámaras que están totalmente expuestas al mundo entero gracias a WebcamXP y UPnP, y que además gracias a Shodan están perfectamente catalogadas, accesibles y por si fuera poco, geolocalizadas para que podamos no solo ver la cámara sino ver dónde está.

Vamos a probar con alguno de estos resultados.

Encontramos un garaje.

Un patio con la puerta de entrada de lo que parece una casa particular.

Una tienda, parece que de componentes electrónicos, con sus clientes dentro.

Y así nos podríamos pasar horas, porque como decía hay miles de cámaras sólo en España y sólo probando con este software, porque como este hay cientos de programas o modelos de cámaras con exactamente el mismo problema de seguridad.

De todas las pruebas que acabo de hacer, solo en un caso de unas 20 me he encontrado con la única solución a este problema

Una petición de usuario y contraseña.

Todo se soluciona así de fácil, pero claro, el software en vez de obligarte a usar esto por defecto prefiere dejar el acceso público porque así es más fácil de usar y los usuarios tampoco tienen demasiado interés en buscar la opción para ponerla, o tampoco son conscientes de que esto puede estar tan visible, o una mezcla de ambas cosas.

Las consecuencias son desastrosas, y este software es solo un ejemplo, hay millones de cámaras y software que tienen exactamente el mismo problema.

Hace aproximadamente un mes, los medios tradicionales sacaron esto a la luz como si hubieran descubierto la pólvora y se llenaron portadas con titulares como "una página rusa nos espía sin que lo sepamos" y cosas del estilo.

El caso es que lo que hizo dar el salto del asunto a los medios fue una web rusa efectivamente llamada insecam.cc

La web en realidad hace lo mismo que Shodan o que se puede hacer a mano con otras herramientas pero lo pone bonito y fácil de acceder, tal que así.

Y podemos ver los detalles de la cámara, el video en vivo y la geolocalización solo pulsando encima de la miniatura.

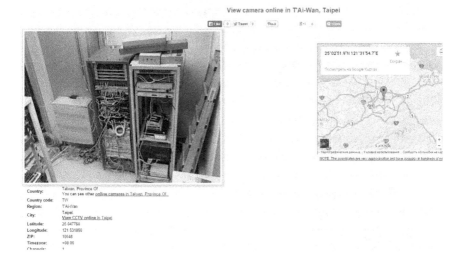

A fecha de hoy, el sitio ha moderado el listado de cámaras, eliminando el contenido privado, es decir, las cámaras puestas en el interior de domicilios particulares, supongo que por las presiones y/o denuncias recibidas desde que el asunto saltó a los medios, pero que no estén listadas en el sitio no quiere decir que no existan y que se puedan buscar en otros sitios como Shodan o con proyectos similares que seguramente aparecerán en los próximos meses/años dada la popularidad de configuraciones como la que explicamos en las páginas anteriores.

Un proyecto similar, que demuestra hasta que punto las webcams pueden exponernos más allá del supuesto anonimato que nos proporciona internet es el proyecto *chatroulettemap*.

Para explicar esto hay que conocer antes *chatroulette*, un servicio que se puso de moda hace unos años y que permite que podamos realizar videoconferencias con desconocidos a través de una página web de forma "anónima", es decir, no tenemos que registrarnos, nisiquiera poner nuestro nombre o un alias, simplemente entramos y se nos empareja con una persona, si la conversación (o la persona) es de nuestro agrado, pues seguimos, si no le damos a un botón de "siguiente" y se nos empareja con otra al azar.

Ni que decir tiene que independientemente de las intenciones de los que montaron esta web dado el anonimato del servicio la gran mayoría de usuarios entran con intenciones de carácter sexual principalmente.

Y aquí es donde una vez más, la despreocupación de los usuarios se une al mal diseño de los creadores para desembocar en un fracaso absoluto de la protección de la privacidad.

El caso es que tal y como está diseñado, el servicio únicamente hace de intermediario entre tú y la otra persona, pero la conexión entre la imagen del otro usuario y tú es directa (o lo era por lo menos cuando iniciaron el servicio), esto quiere decir que, como cuando alguien te hace una llamada de teléfono y puedes ver su número en este caso puedes ver su dirección IP.

Esto no tendría mayor repercusión porque la IP es un dato pseudoanónimo, es decir, nadie puede saber tu identidad real a partir de tu dirección IP salvo tu proveedor de servicios de Internet o las Fuerzas y Cuerpos de Seguridad del Estado (que en realidad se lo piden a tu proveedor igualmente).

Pero...

El caso es que la realidad es un poco distinta de la teoría, y tu IP no puede decir quién eres, pero si donde estás, al menos de forma aproximada, porque existen bases de datos de geolocalización de direcciones IP.

Por ejemplo, con mi IP si me busco a mí mismo en un servicio como MaxMind, que es gratuito y público:

GeoIP2 City Results

IP Address	Country Code	Location	Postal Code	Coordinates	ISP	Organization	Domain	Metro Code
37.11.203.66	ES	A Coruña, A Coruña, Galicia, Spain, Europe	15003	43.3696, -8.4032	Jazz Telecom S.A.	Jazz Telecom S.A.	jazztel.es	

Vaya, que miedito, ha acertado con todo menos con el CP, pero claro, si alguien une esta información a las imágenes de mi webcam seguramente reconocería el local (o a mi si estuviera en la cámara) y por aproximación geográfica sabría localizarme.

Pues esto es el proyecto *charroulettemap*, a alguien se le ocurrió esto mismo y empezó a almacenar capturas de pantalla de las cámaras junto con las direcciones IP y su geolozalización. Este es el resultado.

Miles de personas geolocalizadas sobre un mapa, accesibles para que cualquiera pueda ver lo que han estado haciendo en la cámara cuando creían que eran anónimos, ni que decir tiene que he seleccionado un ejemplo para todos los públicos, pero el panorama es.. Desolador.

Tanto el caso de las cámaras mal configuradas como el de las geolocalizadas evidencian el verdadero problema de las webcams. No son los hackers malísimos que se cuelan en nuestro pc para espiarnos, normalmente es nuestra propia imprudencia la que nos expone.

Pero esto no quiere decir que el otro caso no exista, ni mucho menos.

Ratters y slaves

En Marzo de 2013 Nate Anderson escribía en Ars Technica uno de los mejores artículos que he leído sobre el tema de los RAT, o herramientas de acceso remoto (Remote Access Tools), que en realidad son herramientas que bien usadas permiten el control remoto de un PC, como las que usan en las empresas para poder arreglar problemas técnicos a distancia, pero mal usadas pueden ser el espía perfecto puesto que pueden acceder a cualquier parte de nuestro ordenador sin ser detectados.

En el artículo de Nate, se entrevista a personas que se dedican a instalar estos programas en PCs de gente que sin saberlo está totalmente expuesta a estos *ratters*, principalmente interesada en personas jóvenes, de sexo femenino y a poder ser con una webcam. A estos objetivos los llaman "slaves" (esclavas) y evidentemente esto es totalmente ilegal, aunque a mi parecer no está suficientemente perseguido de momento, puesto que hay comunidades enteras bastante localizadas de *ratters* que se dedica a la compraventa o intercambio de "slaves" y llevan años en los mismos lugares sin que nadie haya hecho nada al respecto.

Pero volviendo al asunto, ¿cómo uno llega a convertirse en un slave?

En realidad es bastante fácil.

Todo se basa en que el atacante te instala un RAT en tu PC, al fin y al cabo un malware más, y ese malware le permite al atacante tomar el control de lo que le interese, desde tus archivos hasta tus imágenes en directo.

Esto ha existido desde que la informática es informática, pero hoy en día se juntan varios factores que agravan y mucho el problema

1.   Todo está conectado a Internet, así que infectarse es más fácil y que te controlen en remoto también

2.   Todos los PCs tienen una webcam, probablemente integrada en la pantalla

3.   Los antivirus hoy en día tienen muy difícil detectar el malware, incluidas las RAT. Por ejemplo, en una prueba que hicimos en una de mis clases, un RAT que creamos con una herramienta disponible públicamente (metasploit) y que ocultamos con un proyecto también público (veil) no fue detectado por 14 de los 15 antivirus que probamos, tanto de pago como gratuitos.

4.   Existe un mercado de venta de RAT indetectables a los antivirus, e incluso de programas con varios "slaves" ya incluidos así que incluso alguien sin conocimiento pero con dinero puede tener a su disposición el programa y victimas ya infectadas.

Estos *ratters* son realmente delincuentes, y lo que hacen es ilegal aquí y con la legislación de cualquier país del mundo, el problema es que aunque pueda parecer muy ruidoso lo que hacen, normalmente toman bastantes medidas de precaución para evitar ser localizados.

Este año, por poner un ejemplo, se ha hecho la mayor operación Internacional contra los *ratters*, coordinada por el FBI, que ha investigado ratters en más de 18 países distintos, realizando más de 300 registros y el resultado final fue la detención de 90 personas que usaban el RAT conocido como Blackshades, que se podía adquirir en Internet por poco más de 40$.

Realmente la operación fue muy espectacular, pero principalmente lo que desarticularon fue la cabeza visible del programa, sus creadores, y algún cliente de los mismos, pero quedan varias cuestiones sobre la mesa. ¿Cuánta gente queda usando ese software después de la detención de los creadores? Y más importante aún ¿Cuántas personas quedan infectadas por el RAT?

En la noticia sobre la operación Blackshades el representante del FBI aseguró que trabajaban con los proveedores de servicio para avisar a las víctimas de las infecciones, pero esto es realmente muy complicado y al menos a gran escala no se tiene constancia de que esta u otras operaciones hayan tenido demasiado alcance.

Existe un corto en Internet, "Webcam", que nos pone en la piel de una de estas víctimas de un RAT que sin saberlo comparte su vida con un intruso digital.

Pone los pelos de punta pensar la facilidad con la que un intruso puede asaltar nuestra privacidad.

Desafortunadamente este problema tiene difícil solución hoy en día, y mucha gente opta por tapar sus webcams con accesorios de lo más diverso, o incluso con cinta aislante para impedir que extraños puedan observarlos sin su conocimiento.

La mayoría de las cámaras tienen además un sistema de aviso visual mediante el cual podemos enterarnos si está grabando normalmente con un piloto luminoso situado al lado de la cámara, esto sería suficiente para detectar por ejemplo un RAT que estuviera continuamente grabando lo que sucede a través de la cámara, pero sería difícilmente detectable si lo único que hace el atacante es sacar una captura de vez en cuando, puesto que el piloto se encendería brevemente y después se volvería a apagar.

Así que aunque pueda parecer algo "friki" o paranoico, la costumbre de tapar la webcam cuando no se usa es una medida de precaución bastante razonable

Las cámaras de vigilancia

Al principio de este capítulo hablaba sobre la vigilancia permanente a la que estamos sometidos, y con estos ejemplos creo que se pone en evidencia que de forma inadvertida podamos estar siendo vigilados sin nuestro conocimiento.

Pero más allá de todo esto todavía hay un problema mucho mayor: las cámaras públicas y privadas que están vigilando las calles, locales o sitios públicos.

Porque realmente si un particular puede acceder a toda esta cantidad de información audiovisual, ¿a qué tendrá acceso el gobierno? Si al principio del capítulo decía que lo que sabemos de PRISM es sólo la punta del iceberg, a estas alturas creo que ya habré dado una idea de la magnitud del problema.

Sólo en UK, se ha estimado en 5.900.000 el número de cámaras que vigilan de una manera o de otra a los ciudadanos sin que estos sean conscientes, esto es, casi una cámara cada 10 personas.

En España por ejemplo, sólo tráfico dispone de decenas de miles de cámaras, casi todas ellas accesibles en http://www.dgt.es/es/el-trafico/camaras-de-trafico/ públicamente, otras accesibles solo para la Policía y Guardia Civil

| Cámaras de tráfico ⌄ | **PK 0.2 Ambos sentidos** |

Control de velocidad (Radares) >

Restricciones >

Puntos negros >

Recomendaciones para los próximos días >

El caso del metro, por poner un ejemplo, es algo ya bastante desproporcionado, y es que más de 9.000 cámaras vigilan el metro de Madrid, una de las líneas más vigiladas de toda Europa.

Según la Agencia Española de Protección de Datos existen además más de 22.000 cámaras de vigilancia privada dadas de alta en sus ficheros (más un número indeterminado de ellas que operan de forma clandestina)

Muchas de estas cámaras tendrán fallos de configuración como el de WebcamXP, otras serán accesibles públicamente en Insecam, y otras serán controladas por intrusos sin que el dueño lo sepa, la práctica totalidad pueden ser vigiladas por los gobiernos.

Después de ver todo esto ¿no te sientes un poco más en 1984?

Capítulo 2: Los móviles, o cómo estar localizable 24/7

La localización de los teléfonos móviles

Hoy en día es impensable para la mayoría de nosotros estar más de unas horas sin leer el correo, mirar Facebook, chatear con el Whatsapp u ojear las últimas noticias.

Si bien es cierto que estos servicios llevan muchos años existiendo, ha sido con la aparición de los smartphones y las conexiones de datos 2G/3G que la movilidad ha sufrido un verdadero boom.

Según el Observatorio Nacional de las Telecomunicaciones y de la Sociedad de la Información (ONTSI), el número de líneas móviles en España es de más de 50 millones en Agosto de 20014

Número de clientes de telefonía móvil automática

Fuente: CNMC
*Agosto de 2014

Esto sale de media a más de un móvil por habitante, aunque hay que tener en cuenta que es bastante común el que una misma persona tenga varias líneas móviles, al menos una personal y otra para el trabajo.

Pero ¿nos hemos parado a pensar lo que supone estar 24 horas conectados a una red de datos?

Hace unos meses tuve la suerte de asistir a una charla de RMS (Richard M. Stallman). Para el que no lo conozca, RMS es el creador e ideólogo detrás de GNU, el proyecto que dio lugar a GNU/Linux, un sistema operativo que se usa hoy en millones de ordenadores en todo el mundo.

Pero más allá del logro técnico, el verdadero mérito de RMS ha sido el de ser uno de los ideólogos principales del movimiento del Software Libre creando la GPL (licencia libre) y la FSF (Free Software Fundation) a la que ha dedicado su vida, viajando por el mundo difundiendo ideas tan loables y humanas como son la libertad de la información, el derecho a la privacidad o la necesidad de compartir

Volviendo a la charla, RMS dijo cosas muy interesantes sobre estos temas, pero hubo uno en concreto que llamó la atención porque nunca antes lo había tocado con la profundidad que lo hizo. Los teléfonos móviles.

Las conclusiones que se pudieron extraer de esa parte de la charla son las siguientes:

- Los teléfonos móviles nos espían

- Nos espían aunque estén apagados

- Los gobiernos reciben esa información

- Los sistemas operativos libres que desarrolla la comunidad (como Replicant) tampoco están exentos de este problema, porque el propio hardware de los móviles está infectado.

Bueno, creo que casi todos los que lo escucharon pensarían lo mismo, el hombre tiene una edad y se expresó mal, o está ya un poco paranoico.

Unos meses después aparecía la noticia de precisamente los creadores del proyecto Replicant, una versión libre de Android, encontraron en los teléfonos Samsung una puerta trasera que, utilizando el módem, permite que de forma remota se pueda acceder al micrófono, GPS o incluso al sistema de ficheros de nuestro móvil.

Replicant is a fully free Android distribution running on several devices, a free software mobile operating system putting the emphasis on freedom and privacy/security

Este procesador del módem, además, es independiente del que utilizan las aplicaciones o el sistema operativo, así que sería perfectamente posible que aunque apaguemos el sistema, el procesador del módem siga siendo alimentado por la batería.

Las conclusiones son dos:

1) Nunca más dudar de RMS, porque sabe mucho más que el resto ;)

2) Efectivamente, los móviles nos pueden espiar en condiciones que ni nos imaginamos

Utilización del móvil en investigaciones policiales

A veces cuando vemos determinadas noticias en la televisión no nos paramos en los detalles.

En otras ocasiones, incluso la desconexión total del teléfono no puede ocultar la información de localización del mismo, otro ejemplo, también de un caso muy sonado en España, el de José Bretón, acusado de matar a sus dos hijos, cuya investigación se siguió en los medios con gran interés.

Esta es un extracto de una noticia en relación al caso que extrae la información del informe final presentado en el juicio:

--

*Semanas antes de aquel fatídico **8 de octubre** que ya forma parte de la historia negra de Córdoba, el último día del último suspiro de los hermanos Ruth y José, su padre, **José Bretón**, imputado por el infanticidio de los dos menores, ocultó deliberadamente sus movimientos, «desapareciendo» en franjas horarias y días concretos, con el objetivo de permanecer completamente ilocalizado. Sin* *embargo, el análisis de la información almacenada en su **iPhone**, extraída por el volcado de su memoria a cargo de la empresa **Net Computer Forensic S.L.**, ha datado y, lo que es más importante, destapado con detalle la ubicación del inculpado entre el 25 de septiembre de 2011 y el día de autos.*

¿Cómo es posible? Pues en el caso de los iPhone, como es este, se han podido utilizar múltiples métodos.

Los iPhone fueron muy criticados en 2011 por guardar información de posicionamiento utilizando el GPS o las WiFi cercanas con el objetivo de presentar publicidad geolocalizada utilizando el servicio iAd. Esto se guarda en un archivo llamado consolidated.db.

Esta información además se puede extraer del propio teléfono o de los backups que quedan en los ordenadores al que conectamos el mismo para sincronizar nuestras canciones, aplicaciones o fotos.

Con una simple aplicación llamada iPhone Tracker, cualquiera puede ver esta información en forma de mapa, detallando las posiciones del teléfono en cada momento, aunque el teléfono esté en modo avión.

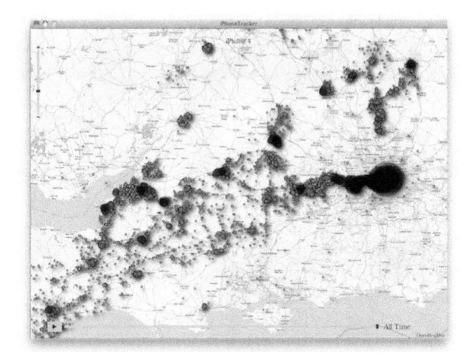

Otro caso muy seguido en España fue el asesinato de Marta del Castillo. En la sentencia final de en este caso hay múltiples referencias a los móviles de los acusados y como estos ofrecen información de dónde estaban a cada hora de la noche en la que se cometió el crimen, por ejemplo, en un extracto de la sentencia sobre Francisco Javier Delgado, hermano de otro de los acusados Miguel Carcaño, la localización del móvil sirve para reforzar su inocencia, siendo finalmente exculpado.

"La localización de sus llamadas, recibidas y enviadas, de su móvil avalan el lugar en que se hallaba en todo momento, conforme a su monolítica versión", que no ha cambiado en ningún momento."

En este caso la Policía simplemente tuvo que acceder a los datos de las antenas de telefonía móvil para poder triangular la posición del móvil en cuestión cuando recibió o efectuó esas llamadas. Algo que se puede realizar sin necesidad de que el teléfono esté geolocalizado con otro método como el GPS.

Voy a poner un ejemplo de cómo se podría hacer esto ahora mismo para localizar mi teléfono.

En la web del Ministerio de Industria existe un mapa que muestra la localización de las antenas de telefonía móvil. Estas son las que están ahora mismo próximas a mi localización

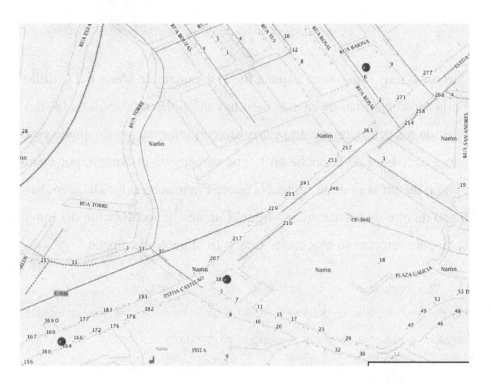

Vamos a suponer que yo me encuentro en la calle Torre, veamos cómo me verán las diferentes antenas.

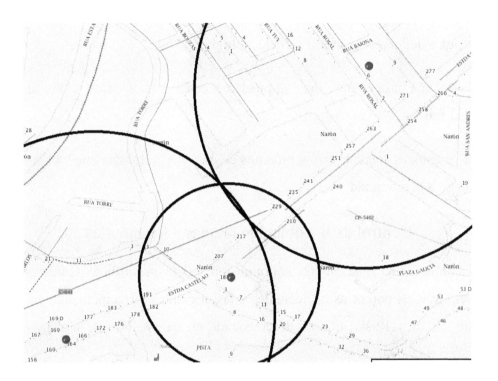

Es decir, cada una de las antenas sabrá con qué potencia estoy recibiendo la señal, y por lo tanto podrán calcular la distancia a la que me encuentro en este momento, pero no sabrán la posición exacta, solo que estoy a esa distancia alrededor de la antena.

Así que solo hace falta la misma información en tres antenas para que se pueda, combinando la información de distancia de las tres, delimitar con bastante precisión la zona en la que estoy, en este caso la intersección de las tres zonas alrededor de las antenas. Cuantas más antenas haya, más precisa será la posición.

De todas formas he puesto estos dos ejemplos a propósito, porque creo que cualquier persona con dos dedos de frente está a favor de que se detenga a delincuentes gracias a la tecnología.

Pero ¿qué pasa cuando los que pueden acceder a estos datos le dan un mal uso?

Y es entonces cuando nos acordamos de un derecho fundamental, el derecho a la intimidad

Control de la población gracias a los móviles

Ucrania es una zona caliente ahora mismo, existe un conflicto de intereses entre las potencias occidentales y las orientales (principalmente entre EEUU y Rusia) que ha desembocado en un estallido de violencia que dura ya varios meses.

En realidad cuando todo esto empezó hubo varios detalles que nos recordaron a las protestas masivas del 11M en España. Miles de manifestantes tomaron varias plazas y sitios emblemáticos de la capital Kiev y otras ciudades importantes para exigir al Gobierno del país reformas o, en su defecto, la dimisión.

El caso es que hubo un detalle que viene bastante al caso unos días antes de que las manifestaciones acabaran con el gobierno y comenzara el conflicto actual, y fue el uso de la localización de dispositivos móviles empleado por la policía para identificar y multar a los manifestantes, o intimidarlos "invitándoles" a marcharse a su casa.

Concretamente, toda persona que estuviera en las inmediaciones de los lugares donde estuvieran teniendo lugar manifestaciones recibía un SMS como este:

"Estimado cliente, ha sido usted registrado como participante en los disturbios masivos"

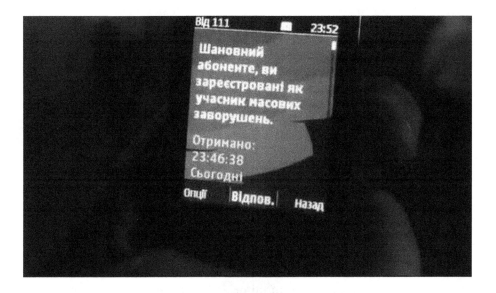

Me imagino como debe sentirse en ese momento alguien que recibe ese mensaje, como mínimo muy indefenso ante un método de control tan brutal, pues haya hecho algo ilegal o no el simple hecho de estar en un lugar en un momento determinado ha hecho que como mínimo lo "fichen".

Podemos pensar que en España esto no podría pasar, pero nada más lejos de la realidad.

En Enero de 2014, Gamonal, un barrio de Burgos, tuvieron lugar una serie de protestas vecinales que desembocaron en disturbios de varios días de duración con motivo de la ejecución de unas obras en una de las calles principales con la oposición de los vecinos.

Unos días tras las protestas iniciales, el secretario de Estado de Seguridad, Francisco Martínez, daba una rueda de prensa con unas declaraciones que escondían algunos mensajes bastante perversos.

Lo primero es que afirmaba que en las protestas se habían colado grupos itinerantes de violentos, concretamente que se desplazaban desde Madrid y Valencia y que habían participado con anterioridad en otras protestas también violentas, enumerando cuáles, dónde y cuándo.

Yo me pregunto ante esta primera parte de la declaración ¿cómo conocía con tanta exactitud el secretario los movimientos y planes de los grupos violentos? Solo se me ocurre una cosa, una vez fichados, los integrantes de estos grupos son monitorizados de cerca, y el método más fácil y preciso (aunque ilegal sin orden judicial que autorice su uso) es la monitorización de sus teléfonos móviles. Unos días más tarde el mismo secretario se desdecía de sus declaraciones, lo que me lleva a pensar que se excedió en la información que consideró que podía dar en un primer momento. Esto es solo una opinión claro…

La segunda parte de las declaraciones del secretario hablaban de cómo por culpa de este tipo de manifestaciones hacía falta una ley como la Ley de Seguridad Ciudadana que estaba en esos momentos en proyecto y pretendía ser aprobada a lo largo del año.

Esta ley, llamada también "ley mordaza" por la grave limitación que supone a los derechos de los ciudadanos (y que por cierto, casualidades del destino, se está aprobando hoy mismo, en estos mismos momentos, mientras escribo este texto) prohíbe entre otras cosas manifestarse en frente del congreso, el senado o el parlamento, acampar en espacios públicos (clara ley ad-hoc para prohibir otro 15M), colgar pancartas o banderas en edificios, instalar tenderetes para la recogida de firmas y otras medidas del estilo.

Así que no es muy difícil imaginar que el día de mañana podría darse el caso de estar paseando cerca del congreso y recibir un SMS en nuestro móvil que diga

"Estimado manifestante, ha sido usted registrado.

Un saludo, sus representantes"

Capítulo 3: La información no se destruye, solo se transforma.

Los expertos, tecnólogos y videntes, todos ellos, han escrito mucho sobre una situación hipotética llamada la "edad oscura digital" que básicamente vaticina que en un futuro más o menos lejano toda la información digital desaparecerá, porque los soportes tienen una vida limitada y tarde o temprano se destruirán. También puede suceder que un pulso electromagnético enorme elimine todo aparato electrónico del planeta y de hoy para mañana nos quedemos sin información. A mí personalmente en este último supuesto lo que menos me preocuparía de todas formas sería los documentos que acabo de perder, pero bueno...

Todo esto podría ocurrir, es cierto, pero siempre y cuando se cumpla una premisa y es que la información no se mueva, es decir, si yo la traslado a otro medio, la copio, aunque se estropee el medio original siempre podré acceder a la copia, y dado que la información digital se puede duplicar de forma ilimitada sin coste físico asociado, esto parece bastante viable.

La tendencia hoy en día parece ser esa además.

Por ejemplo, cuando subo algo a "la nube" (de la que hablaremos más adelante), esta información será replicada en varios servidores que seguramente estén situados en varias ubicaciones físicas a lo largo y ancho del mundo. Las posibilidades de que se borren a la vez los datos originales y los de todos los servidores distribuidos, junto con sus copias de seguridad y sistemas de redundancia son extremadamente bajas.

De hecho, de lo que quería hablar precisamente es del efecto contrario a esta "edad digital", y para ello voy a poner dos ejemplos de persistencia de la información más allá de lo que nosotros pensamos.

Los metadatos y el borrado de información.

Los metadatos son "datos que describen a otros datos", es decir, es información acerca de los datos que nosotros manejamos, por ejemplo:

Un archivo de película que se llame Episodio4.avi no me da mucha información, sólo sé que al menos en apariencia, es un archivo de video (extensión .avi) y que se llama Episodio 4, sin embargo si a ese archivo en su interior se le añade esta información:

Título: Star Wars Episodio IV, Una nueva esperanza

Año: 1977

Dirección: George Lucas

Duración: 121 minutos

etc...

Un programa que pueda leer esta información puede mostrarnos antes de abrir el archivo un buen resumen de lo que contiene, o incluso puede hacer listados personalizados por alguno de esos datos! se podrían hacer listas de "peliculas de George Lucas de 1980 a 1991" sin importar realmente el nombre del archivo de las películas.

Esto es lo que hacen muchos programas de reproducción multimedia, si queréis probarlo os recomiendo el proyecto XBMC.

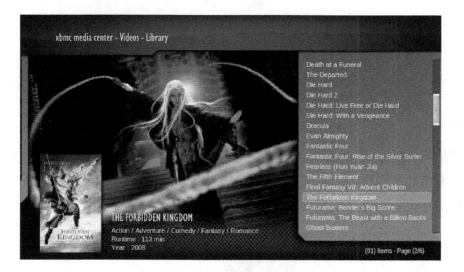

Ahora la parte delicada.

Muchos archivos multimedia incorporan esa información de forma automática cuando se crean, sin intervención ni conocimiento del usuario, y a veces en esa información van más datos de los que queremos divulgar con nuestro archivo. Dos ejemplos:

Cuando sacamos una foto con una cámara digital se incorporan unos metadatos al archivo llamados datos EXIF. En estos datos se incluye mucha información acerca de la foto, desde el modelo de cámara que se usó, los parámetros del disparo, el modo de escena, uso de flash, etc...

Un ejemplo podéis verlo en esta foto que tomé hace tiempo

Fechas

Tomada el	10 de abril, 2006 a las 3.58am (
Publicada en Flickr	10 de abril, 2006 at 12:58 CEST

datos Exif

Cámara	Olympus E-500
Exposición	3.2 sec (16/5)
Aperture	f/4.5
Lente	30 mm
Velocidad ISO	200
Tendencia de exposición	0/10 EV
Flash	8
Image Description	OLYMPUS DIGITAL CAMERA
Orientation	Horizontal (normal)

¿Qué son los datos Exif?

Los datos Exif son un registro de la configuración que una cámara utilizó para tomar una foto o un video. Esta información se inserta en los archivos que guarda la cámara, y nosotros la leemos y mostramos aquí.

Atención: Algunos datos Exif están disponibles, por el momento, únicamente en inglés. Lo sentimos.

Ocultando esta información

Para evitar que otras personas vean los datos Exif de

Aparentemente es una información más técnica que otra cosa, pero hay un par de puntos en los que puede ser ciertamente comprometida.

La imagen que sale en miniatura (thumbnail) no es la foto escalada, es la foto ORIGINAL escalada.

¿Qué quiere decir esto? pues que si modifico la foto con algún programa de retoque fotográfico que no tenga en cuenta los datos EXIF, la foto estará modificada, pero en la información de los metadatos se verá la foto original

Un ejemplo de esto es la historia de Cat Schwartz, presentadora de TechTV.

Cat se hizo una sesión de fotos, digamos, privadas, y como salió bien en algunas decidió recortar las partes en donde solo se le ven los ojos y la cara y publicarlos en su blog

Sin embargo Cat no sabía lo que acabamos de comentar sobre la información EXIF con la miniatura de las fotos originales, sin recortar, así que alguien con un poco de curiosidad utilizó una herramienta para extraer esa información y.. *Voilá!*, las fotos de Cat eran un poco más privadas originalmente.

Otro dato que se incorpora en la información EXIF son, si el dispositivo lo permite, la localización GPS, algo que hacen por defecto muchos móviles de última generación, lo que permite a quien visualice esa información saber la posición geográfica exacta del lugar donde se sacó la foto.

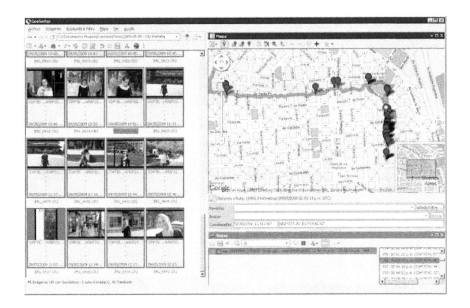

Existe una aplicación llamada cree.py, que utilizando esta información y usando las fotos que publicamos en las redes sociales puede trazar sobre un mapa las localizaciones en las que hemos estado sacando fotos.

Esto tiene bastante peligro, puesto que a partir de esa información se podría deducir donde vivimos o los lugares en los que paramos habitualmente, y esta información es especialmente delicada en el caso de menores.

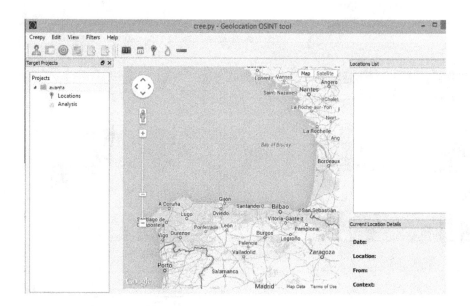

En cuanto a los documentos que no son fotos, no incluyen información EXIF pero si suelen incluir algún que otro metadato acerca por ejemplo de su creador, el nombre del archivo original, datos del programa con el que se hizo el documento, etc... Y eso también nos puede poner en algún que otro compromiso.

Imaginad por ejemplo la que lo que puede suceder si subimos un documento a Internet a nuestro nombre y se descubre que se hizo con el usuario de otra persona, ¡o peor! que un gobierno diga que no ha editado un documento que le han pasado como prueba irrefutable de algo, que lo suba a internet y que con los metadatos se descubra que si lo han editado, pues puede pasar, incluso ha pasado ya.

La historia, famosa en su día, trata sobre los momentos previos a la guerra de Irak, donde varios gobiernos europeos intentaban encontrar motivos para explicar a la población su apoyo a EEUU en una guerra que la opinión pública no apoyaba o incluso se dudaba acerca de la legalidad de la misma.

Uno de estos países era el Reino Unido, en donde el que era el Primer Ministro, Blair, para convencer a la población de que la guerra era necesaria reunió varias pruebas que apuntaban a que en Irak se escondían armas de destrucción masiva (que luego como todos sabemos, no aparecieron).

Una de esas pruebas era un informe del servicio de inteligencia de los EEUU, con indicios y acusaciones de lo más variopinto, ese documento, llamado después el "documento Blair", se colgó en una web, y los medios le preguntaron en repetidas ocasiones al gobierno si había sido modificado por ellos para añadir o eliminar detalles, a lo que siempre respondieron con un rotundo "no".

Pero los metadatos del archivo decían lo contrario.

Datos relativos a versiones anteriores

En la información de los metadatos del fichero se podían ver no una, sino varias ediciones del archivo, con los nombres de usuario que se ven en la captura.

Los medios no tardaron en asociar un nombre real a los usuarios: Paul Hamill - Funcionario del Foreign Office, John Pratt - Funcionario de Downing Street, Alison Blackshaw - Asistente personal de la Secretaria de Prensa del Primer Ministro y Murtaza Khan - Funcionario Junior de prensa para el Primer Ministro.

El documento fue retirado de la web, pero ya era tarde, el gobierno había perdido su crédito.

Existe una herramienta disponible de forma gratuita en la web de elevenpaths llamada FOCA que automatiza la extracción de metadatos para todos los archivos encontrados en una web. La herramienta incorpora además un spider que busca esos archivos en los enlaces de la misma web.

Moraleja, ¡cuidado con las fotos y documentos que subes a Internet!

Borrado de datos

El segundo ejemplo que quería poner sobre la persistencia de la información es con respecto al borrado de datos.

Cuando borramos los datos (voy a poner el ejemplo de Windows, pero en otros sistemas pasa lo mismo, o muy parecido), de entrada van a la papelera de reciclaje, que es un área del disco donde los datos están en una especie de "limbo" entre el borrado y el no borrado, es decir, una segunda oportunidad por si quiero recuperarlos antes de borrarlos definitivamente.

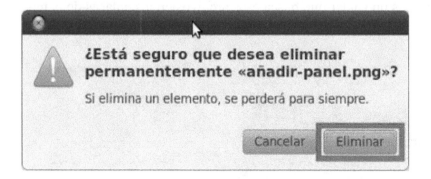

Pero una vez estoy seguro de que quiero borrarlos, vacío la papelera de reciclaje y adiós para siempre a los datos...

¡Pues no!

Realmente no se borran definitivamente, solo se marca el espacio que ocupa como libre, y los próximos archivos que necesiten ese espacio los irán sobrescribiendo eventualmente.

Esto, además, se hace por una cuestión más que nada de velocidad, porque cuando por ejemplo copiamos un archivo de 1GB a nuestro disco duro, lo que estamos haciendo es escribir 8.000.000.000 de bits, uno a uno (bueno, o en bloques), en la superficie del disco, magnetizando las partículas que recubren su superficie una a una.

Obviamente esta operación lleva su tiempo, así que ahora vamos a imaginar que queremos destruir todo rastro de la información de ese archivo de 1GB, realmente tendríamos que poner a 0 (o a 1) esos mismos ocho mil millones de bits, así que teóricamente nos llevará exactamente el mismo tiempo borrarlo que escribirlo.

Como esto para el usuario es bastante incómodo, se ahorra mucho tiempo simplemente marcando los sectores que utilizaba el archivo como que pueden ser reemplazados, y ya está, el "borrado" es mágicamente instantáneo.

Pero esta trampa tiene un coste para la seguridad: el usuario, confiado en que sus datos han desaparecido, puede regalar, revender, tirar, etc... Su disco duro, y alguien con muy mala idea puede recuperar esos datos.

Además, para agravarlo, no hacen falta demasiados conocimientos para hacerlo, cualquier programa de recuperación de datos puede hacerlo (el gratuito Recuva lo hace en segundos)

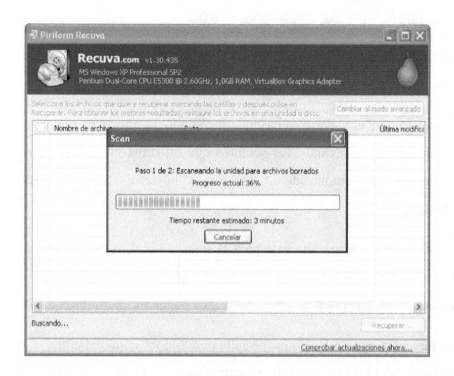

Afortunadamente existen programas que permiten borrar los datos de forma segura* (por ejemplo el programa open-source eraser, o el wipe de Linux, etc..) sobrescribiendo con datos aleatorios los sectores que ocupaba el fichero, incluso con la opción de hacer varias pasadas con datos distintos (esto viene de un estudio en donde se supone que se podía recuperar la información sobrescrita por el momento magnético o algo así.. como no se ha reproducido a día de hoy yo tampoco me mataría mucho en dar pasadas y pasadas)

Moraleja: Cuando tires tus discos antiguos, ¡asegúrate de que no queda ningún dato tuyo en su interior!

Capítulo 4: Conectándose a la WiFi del vecino

Hoy en día vivimos permanentemente conectados a Internet, ya sea en casa, en el coche, en el trabajo, siempre tenemos la posibilidad de leer el correo, enviar un mensaje a los amigos, usar los mapas online del GPS o recolectar lechugas en un juego de alguna red social. Todo cosas muy importantes.

Por eso no es raro que las conexiones de datos en los móviles sean ya algo que prácticamente te venden por defecto, a pesar de ser de momento muy caras, estar limitadas en velocidad y tráfico de forma artificial y tener mala cobertura fuera de ciudades principales, pero está claro que es un producto de primera necesidad y en unos años tendremos Internet hasta en la almohada.

Y en realidad el caso de los móviles no es tan distinto al de los ordenadores, pero ahí ya no está tan de moda el tema de las conexiones 3G o similares, aquí domina xDSL, el cable, las nuevas redes FTTH y la WiFi del vecino.

El Instituto Nacional de Ciberseguridad (INCIBE, antes INTECO) realiza todos los años una encuesta de uso de las WiFi y en ella vemos que aproximadamente un 12% de los usuarios reconocen usar una conexión WiFi ajena para conectarse a Internet, este porcentaje parece subir un par de puntos cada año, y estamos hablando solo de la gente que lo reconoce públicamente, que no olvidemos que esto es algo que aunque lo haga "todo el mundo" es de dudosa legalidad, aunque en España no esté mal visto.

Pero no menos preocupante es un 21% de personas que usa conexiones públicas, y entiéndase públicas desde conexiones de una universidad, una biblioteca o un ayuntamiento hasta la de un bar o un evento que pone a disposición de sus clientes su red poniendo la contraseña a disposición de todos en la carta junto con los postres o colgada en la pared.

Es decir, en definitiva un "grandioso" 30% de personas, 3 de cada 10, usan una red de acceso a Internet que no es de su propiedad y sobre la que no tienen ningún control, ¿tendrán estas personas una idea de lo que puede suponer esto para la privacidad de sus datos?

Voy a poner un par de ejemplos muy gráficos de lo que podría suponer para alguien conectarse a una red ajena de una persona con no muy buenas intenciones.

Espiando redes desde el interior

En el primer caso supongamos que nos conectamos a una red sin contraseña, la típica red de una biblioteca, un bar o similares.

En este caso el problema es inmediato.

Cualquier persona que esté cerca puede directamente ver nuestras conexiones de manera totalmente trivial, sólo necesitan el programa adecuado y una tarjeta de red inalámbrica.

Voy a poner un ejemplo de cómo se ve la información usando uno de esos programas: NetworkMiner.

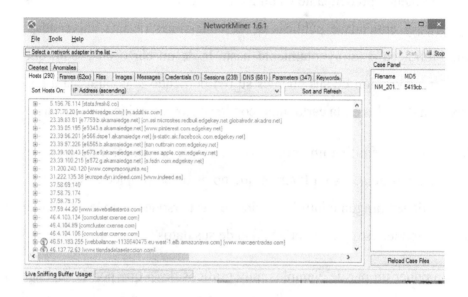

Como se puede apreciar, se pueden ver de forma muy fácil los sitios que las personas de la red han visitado, pero también las imágenes de las páginas, los archivos que se han descargado o las credenciales que hayan usado en los sitios web que no usen cifrado.

En el caso de las redes WiFi sin cifrado, aquí se acaba todo, el atacante cumple su objetivo con un click y fin de la historia.

Para evitar que cualquiera pueda entrar en las redes de los demás, se idearon varios métodos de cifrado, el primero de ellos WEP, que según el estudio de INTECO lo sigue usando cerca del 20% de los usuarios.

Antes de continuar, decir dos cosas sobre WEP.

La primera es que WEP no soluciona el problema de la intercepción de datos planteada anteriormente, es decir, si voy a un bar y me dan la clave de la red WiFi, y esta es WEP, el de al lado me puede interceptar los datos si está conectado también a la red.

La segunda es que aún en los casos en los que no conozcamos la clave, se han descubierto varios fallos de diseño en WEP que permiten que cualquiera utilizando también alguna herramienta gratuita y pulsando dos botones se pueda hacer con ella en menos de un minuto.

Esto hace WEP un método totalmente inútil a la hora de proteger la información, y debería descartarse su uso en cualquier sistema serio.

Para arreglar los problemas de WEP, se publicó hace unos años otros sistemas llamados WPA, considerablemente mejor que el anterior y que arregla muchos de entrada los problemas que mencionamos anteriormente.

Pero WPA lejos de ser perfecto, presenta también algunos problemas, y uno de ellos es que una vez sabemos la clave, es bastante fácil interceptar las comunicaciones del resto de usuarios de la red realizando un ataque MitM (Man in the Middle - hombre en el medio).

Esto normalmente se hace engañando al dispositivo victima para hacerle creer que somos el router que le proporciona acceso a Internet y a la vez diciéndole al router que somos el dispositivo víctima.

Vamos a ver un ejemplo realizado con un script llamado Yamas (Yet another Mitm Automation Script) para ver lo fácil que es realizar este tipo de ataques.

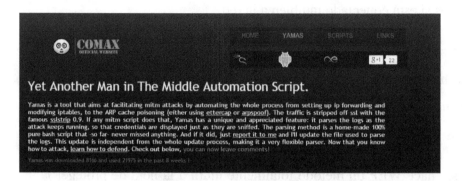

El script se puede descargar del dominio comax.fr y se puede ejecutar en cualquier distribución de Linux, pero existen versiones especialmente adaptadas para Kali, Android y Backtrack

Yo voy a usarlo en Kali.

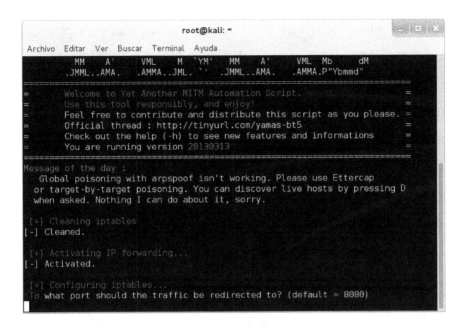

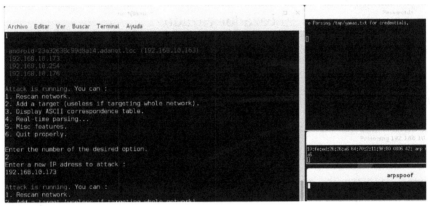

Realmente no he hecho mucho más aparte de poner las opciones por defecto, detectar los equipos de la red y poner la dirección IP del equipo víctima.

A partir de ese momento ya puedo interceptar la información con cualquier programa como Networkminer como en el caso anterior.

Ojo, esto no quiere decir que WPA sea un mal sistema para proteger nuestra red de intrusiones, porque al menos de momento lo es, lo que quiere decir es que una vez dentro un atacante puede interceptar fácilmente nuestras comunicaciones, o en el caso que estaba tratando, si nosotros somos el atacante que se cuela en una WiFi ajena, el dueño de la WiFi puede espiar todas nuestras comunicaciones. En este caso además, seguramente está al borde de la legalidad haciéndolo, pero ya que estás usando su red "por la cara", está por lo menos éticamente legitimado.

El cazador cazado.

El problema de usar WiFis ajenas va incluso más allá de que tengamos un vecino "hacker justiciero" que se dedique a espiar a los ladrones de conexión. Si alguien sabe que nos conectamos a WiFis ajenas puede tendernos una trampa y preparar una red fácilmente accesible cerca de donde estamos para que nos conectemos a ella.

Esto es lo que se llama un honeypot, o en este caso una honeynet. Es un dulce que dejan a la vista de todo el mundo para cazar al atacante, que se creerá muy listo conectándose a una red ajena cuando en realidad el será la víctima en este caso.

Hay muchas variaciones de este ataque, pero si yo por ejemplo tengo un bar debajo de mi casa que se llame Bar Manolo, y creo una red "Manolowifi" sin clave o con una clave muy fácil de averiguar (o incluso con la clave que sé que anuncia Manolo en la pared del bar), la gente desde sus dispositivos no va a saber si se está conectado en realidad a la red de Manolo o a mi red puesta a disposición de todo el mundo y muy probablemente equipada con diversos programas para recopilar datos de navegación y credenciales de los usuarios que se conecten a ella.

Aún peor, puedo poner el nombre de una WiFi pública y esperar directamente que los dispositivos se conecten solos a ella. Si, solos.

Por ejemplo, en mi ciudad hay una red municipal llamada FerrolWifi, y otra privada de un proveedor de servicios llamada Clientes-R, ambas son públicas, las usa mucha gente y no tienen ningún tipo de contraseña para conectarse inicialmente. Así que si yo creo una red con exactamente el mismo nombre, directamente los dispositivos de la gente, que almacenan las redes a las que han estado conectadas con anterioridad, detectarán una red con ese nombre y se conectará sin preguntar (este es el comportamiento por defecto en la mayoría de dispositivos).

El colmo de este tipo de ataques es que incluso se pueden crear estas redes bajo demanda con un ataque llamado Karma.

El ataque karma consiste en lo siguiente:

- Tu móvil se conecta a una red Wifi, por ejemplo BarPE-PE

- A partir de ese momento, periódicamente manda peticiones a BarPEPE para ver si está cerca y se puede conectar a ella o no

- El dispositivo que realiza el ataque Karma ve la petición de tu móvil a BarPEPE y crea una red wifi con ese nombre

- Tu móvil se conecta al dispositivo Karma, ya puede interceptar todas tus comunicaciones.

Lo peor es que este ataque es totalmente automático, incluso existe un dispositivo que lo realiza sin necesidad de configuración y directamente se pone a recopilar credenciales y datos interesantes de las comunicaciones interceptadas. Es el Wifi Pineapple y puede funcionar de forma autónoma, incluso con batería.

También existen proyectos similares utilizando una Raspberry Pi o un Arduino en lugar de la pineapple. La facilidad para realizar este ataque es lo que lo convierte precisamente en muy peligroso.

Existen más variaciones sobre este tema pero no quiero extenderme con temas técnicos, simplemente quiero resaltar cómo el usar conexiones ajenas, sean públicas o privadas, puede pasar de ser algo aparentemente provechoso o incluso entretenido puede llegar a convertirse en una grave amenaza de seguridad, en donde el atacante pasa a ser el atacado.

Por otra parte también hemos visto cómo tener las conexiones WiFi activadas en un dispositivo móvil puede ser muy peligroso, así que la recomendación general es que si no vas a usar la WiFi en tu móvil o portátil, apágala.

Capítulo 5: ¿Quién es el dueño de mi información?

En los 90 compartir un archivo con alguien era toda una odisea.

Si tenías la suerte de poder hacerlo de forma presencial, tenías a tu disposición los floppy disks, de 1.44 MB cada uno, en donde podías copiar la información aunque fuera troceada y reconstruirla en el equipo destino.

La operación en total era costosa tanto en tiempo como en dinero y para nada segura, puesto que cualquier altavoz o cerradura magnética cercana a los discos podía corromper o eliminar la información.

El método de pasarlo a través de Internet era para valientes y/o privilegiados, puesto que aunque existían protocolos y software para hacerlo sin problemas, las conexiones eran tan lentas y caras que hacían prácticamente imposible el pasar la información en un tiempo razonable.

A modo anécdota en esta época un amigo y yo usábamos un protocolo inventado llamado FTPC, que parodiaba el FTP (protocolo de transferencia de ficheros), pero añadiendo un Cartero que transportaba la información grabada en diskettes con un sobre y por correo postal convencional. Era increíblemente más eficiente que intentar hacerlo por Internet.

Hoy en día la cosa ha cambiado y mucho.

Transferir un fichero de texto lleva segundos, una canción o una imagen de gran tamaño, como mucho un par de minutos, y una película o un programa de ordenador, a lo sumo, una hora.

Es tanta la diferencia que hoy en día resulta práctico no solo usar la conexión a internet para compartir archivos con otra gente, sino que la gente lo utiliza para compartir sus propios datos con uno mismo, de forma que los datos que está utilizando por ejemplo en el ordenador de casa sean accesibles desde el móvil o desde el trabajo.

No voy a discutir lo evidente. El poder llevar contigo tu información o transmitirla a quien quieras en unos segundos es innegablemente muy útil.

El problema es que en esta transición hacia la movilidad no nos hemos planteado bien cómo lo estamos haciendo, ni quién nos ayuda a hacerlo, ni por qué si antes mover la información tenía un coste ahora parece no tenerlo.

Nos encontramos con dos problemas fundamentales, el primero es que no sabemos por donde pasa nuestra información de camino al destino, y la segunda es que no sabemos exactamente dónde se almacena.

Vamos primero a abordar el problema de por dónde pasa la información, y para eso necesitamos tirar un poco de historia.

Anatomía de Internet

La historia de Internet se remonta a los años 60, cuando alguien unió unos cuantos ordenadores de uso militar dando lugar a una red de ordenadores, llamada ARPANET. Poco después la parte militar (MILNET) fue separada de la red, dejando el resto de la infraestructura disponible para el uso público.

Este es el aspecto que tenía ARPANET en sus origenes

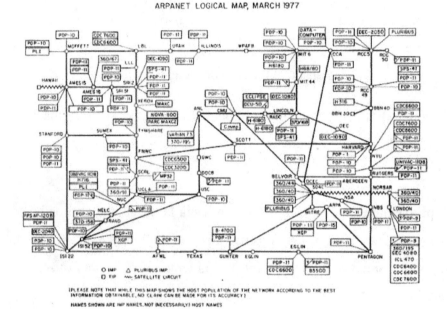

Cada uno de esos cuadraditos eran lo que hoy serían los routers de una red, es decir, un sitio de red distinto (un edificio, una oficina, etc..), y las conexiones que los unían eran desde cables de conexión serie, líneas alquiladas a compañías telefónicas, hasta enlaces por satélite.

El objetivo de todas estas conexiones redundantes y aparentemente caóticas era solo uno. La **descentralización** . La "tradición" de Internet dice que esto era así para permitir que la red pudiera sobrevivir a un ataque nuclear, pero la realidad es que probablemente esto era así porque los enlaces en aquel entonces eran de muy mala calidad y fallaban con bastante frecuencia. Con o sin ataque nuclear, este diseño de red puede, a la perfección permitir que cada parte de la red opere de manera independiente de los demás, sin dependencias, y sin jerarquías.

Con esto en mente, vamos a adelantarnos unos años de crecimiento y situarnos en la Internet actual. Nos encontramos con una gran sorpresa, el diseño de la red es exactamente el mismo que el de los orígenes.

Bueno, salvando que existen hoy en día muchas más tecnologías, medios, y lo usan millones de personas en vez de cuatro gatos, los datos siguen atravesando la red sin ningún tipo de control ni jerarquía, de forma que cuando enviamos datos a alguien a través de Internet **no sabemos exactamente cuál será el camino que tomarán hacia su destino.**

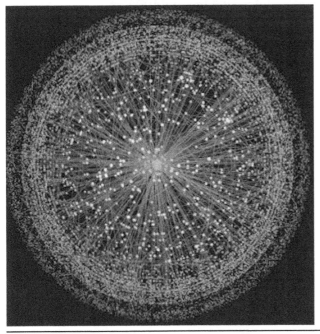

Pensándolo fríamente, esto no parece ser demasiado seguro. Enviamos datos a webs donde buscamos información, leemos noticias, compramos bienes o servicios, nos comunicamos con nuestros contactos personales o de trabajo.. y no sólo tenemos que fiarnos de que esas compañías guarden los datos de una manera confiable y profesional, que no siempre es así, sino que también tenemos que preocuparnos de que, en cada sitio en donde nuestra información "rebote" para llegar al destino, el dueño del aparato por el que pasa la información no se le de por cotillear, filtrar, eliminar, o modificar nuestra información.

Se puede hacer un experimento de forma muy sencilla.

¿Quieres saber por dónde viaja tu información cuando visitas una web?. Es muy fácil, sólo hay que ir al menú de inicio-> ejecutar-> escribir "cmd" , aceptar, y en la pantalla negra que aparece escribe "tracert " seguido del nombre de la web que se quiera comprobar.

Saldrán unas direcciones IP , cada una de ellas es un dispositivo por el pasa que la información que envías .

```
C:\WINDOWS\system32\cmd.exe                                          _ □ ×

Microsoft Windows [Version 6.4.9879]
(c) 2014 Microsoft Corporation. All rights reserved.

C:\Users\david>tracert google.com

Tracing route to google.com [74.125.230.36]
over a maximum of 30 hops:

  1    <1 ms    <1 ms    <1 ms  192.168.50.254
  2    54 ms   103 ms    60 ms  1.192.11.37.dynamic.jazztel.es [37.11.192.1]
  3    39 ms    39 ms    39 ms  10.255.46.254
  4    51 ms    51 ms    52 ms  62.217.106.212.static.jazztel.es [212.106.217.62]
  5    51 ms    53 ms    50 ms  97.217.106.212.static.jazztel.es [212.106.217.97]
  6    52 ms    50 ms    50 ms  66.217.106.212.static.jazztel.es [212.106.217.66]
  7    50 ms    50 ms    64 ms  216.239.50.28
  8    52 ms    50 ms    51 ms  216.239.50.135
  9    86 ms   105 ms    85 ms  mad01s25-in-f4.1e100.net [74.125.230.36]

Trace complete.

C:\Users\david>
```

Existen programas que representar esto de forma visual (como el visual-
route, por ejemplo), sobre un mapa, es más por curiosidad que por otra
cosa, porque como dije antes, el viaje varía dependiendo del momento,
esto es, si repetimos la prueba dentro de media hora, el camino puede
ser totalmente distinto.

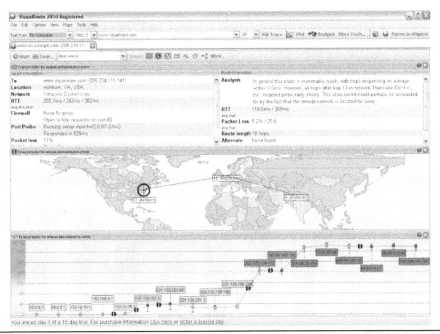

Pongamos por un momento, que nuestro paquete sale de España para ir a una web en China, y por el camino pasa por Francia y EEUU.

Cada país tiene una legislación diferente sobre el tráfico de Internet, voy a señalar, para hacernos una idea, un par de características de cada uno de los países que he mencionado antes.

España: En nuestro país existe un sistema de intercepción de las telecomunicaciones llamado SITEL , este sistema permite que todo el tráfico, así como conversaciones de telefonía fija y móvil pueda ser interceptado. Para esto, en principio, es necesaria una orden judicial, pero el acceso de los agentes autorizados a los datos es inmediato y se realiza de forma automática a medida que los datos salen o entran en el proveedor de servicios del "escuchado"

EEUU: EEUU es pionera en sistemas como el SITEL español (de hecho SITEL fue instalado en España con ayuda de los EEUU). El sistema de escuchas estadounidense se llama Echelon , y lleva operando desde los 60, y además ha dado para mucho, sobre todo porque sus usos no se han limitado siempre a lo "legal", sino que se han descubierto casos en el que el sistema era usado para el espionaje industrial, por ejemplo (el informe, si, es del parlamento europeo, que se dio cuenta del tema y tomó medidas para ocultar sus datos). Recientemente se ha filtrado la existencia de un programa mucho más sofisticado llamado PRISM, capaz de procesar aún más información que pase por EEUU.

Francia: <u>Frenchelon</u> , es el Echelon a la francesa, poco más se puede decir (ah bueno.. quizás sería bueno recordar que hasta hace relativamente poco, el año 2000 aprox, en Francia no se podían usar sistemas de cifrado fuerte para las comunicaciones telemáticas corrientes.. si unimos esto a lo anterior, tenemos un gran "vigilante"

China: En China tenemos lo que llaman el <u>"Golden Shield (escudo dorado)" o Gran Cortafuegos</u> . Básicamente se trata de un sistema por el que el Ministerio de Seguridad Publica chino filtra, censura y controla toda, **absolutamente toda la información** de las telecomunicaciones del país. Como una imagen habla más que mil palabras, os pondre la conscuencia de este sistema. En la imagen podeis ver una busqueda en google images de "tiananmen" desde fuera de china y otra desde dentro, con el "filtro" aplicado.

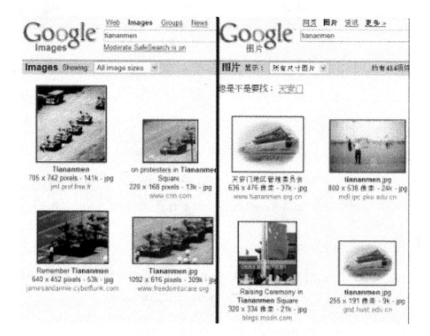

Y esto sin tener en cuenta que a mayores de los sistemas de control gubernamental, cada empresa proveedora de servicios podrá controlar los datos o no, a su antojo.

Esto es relativamente fácil de solucionar, porque siempre podemos cifrar nuestras comunicaciones entre nuestro equipo y el servicio al que nos conectamos, por ejemplo usando HTTPS en las comunicaciones web.

Pero aún solucionando el problema del tránsito, sigue habiendo otro problema igual o más grave, ¿dónde se almacena nuestra información?

El problema de la nube

El término nube tiene un origen un tanto incierto.

En mi caso particular el primer contacto con algo parecido a una nube en el mundo de la informática fue cuando estudiaba como funcionaban las redes de comunicaciones y se utilizaba un dibujo de una nube para representar Internet, supongo que se representaba de esa manera porque en los esquemas de red no nos interesa realmente lo que hay ahí dentro.

Hoy en día cuando se habla de la nube el significado es más o menos el mismo, es un lugar indeterminado "dentro de Internet" que almacena nuestros datos para que podamos usarlos desde cualquier sitio siempre y cuando dispongamos de conectividad. Al fin y al cabo se ha convertido en un medio de almacenamiento más, como el pendrive o el disco duro.

El caso es que esto no es tan abstracto o mágico como parece, para que "la nube" funcione tiene que existir una infraestructura detrás que almacene esa información: servidores, áreas de almacenamiento enormes, sistemas de redundancia para que los datos estén siempre accesibles, ancho de banda para dar servicio a clientes ilimitados, etc.. En definitiva, muchísimo dinero invertido para un servicio que se ofrece en muchas ocasiones de forma gratuita.

Algunos ejemplos de este almacenamiento en la nube gratuito son Dropbox, Google Drive, SkyDrive, Box o Mega, pero en realidad hay cientos de empresas que ofrecen servicios muy similares.

¿Cuál es el truco?

Hay una frase que circula por Internet y que es muy adecuada para este caso: Si te ofrecen algo gratis, el producto eres tú.

Y es que evidentemente las empresas que invierten en la carísima infra-estructura necesaria para ofrecer este servicio esperan ganar más dinero del invertido a cambio, y es que si no lo hicieran no serían empresas si no ONGs, y la verdad es que no he visto aún ninguna que se dedique a esto.

Algunas intentarán monetizarlo analizando los datos que subimos para después mostrar en nuestro navegador publicidad relacionada, algo por lo que las empresas pagan muy caro. Este es el caso de Google con Google Drive.

Otros intentarán vendernos más capacidad por un precio extra como es el caso de Dropbox, que nos ofrece distintos niveles de suscripción de-pendiendo de la capacidad total que necesitemos almacenar.

Otros parecen no tener apenas publicidad ni ponen demasiado empeño en ofrecer opciones de pago. Estos son los más peligrosos y deberíamos leer muy bien los TOS (Terms of Service, o condiciones de uso) porque seguramente tienen alguna cláusula abusiva en donde se hacen como mínimo dueños de parte de nuestra información para usarla, revenderla o algo por el estilo.

En cualquiera de los casos, la información pasa de estar en nuestras ma-nos para estar en las de una empresa que quiere obtener beneficios económicos con ella. Para mi esto es a todas luces ya un problema enorme, porque ya no hace falta que nos roben la información, en este caso directamente la entregamos.

Estas empresas tienen por una parte fuertes presiones por parte de los gobiernos para acceder a los datos que alojan.

Facebook, por ejemplo, tiene un sitio público en https://govtrequests.facebook.com/ donde directamente nos informa de cuántas peticiones le hacen los gobiernos sobre datos privados de usuarios y cuantas de estas peticiones se atienden.

Podemos ver por ejemplo las solicitudes del Gobierno de nuestro País en la primera mitad de este año

514 solicitudes, de las cuales se atendieron un 36%, lo que me lleva a pensar que el resto estaban poco o nada justificadas, lo que es bastante preocupante.

Otras veces, los gobiernos no son tan "educados" y directamente capturan los datos de millones de usuarios de un día para otro, con pretextos de lo más diverso que pueden ir desde la lucha contra el terrorismo hasta infracciones de la ley de propiedad intelectual.

Un caso muy sonado en este sentido fue el de Megaupload, en donde en Enero de 2012 el Gobierno de EEUU cerró el sitio megaupload.com alegando delitos contra la propiedad intelectual y varios delitos fiscales, secuestrando al mismo tiempo la información de millones de usuarios de decenas de nacionalidades distintas.

Esto abre un debate interesante, porque si tu subes tus archivos a uno de estos servicios en "la nube" y otros usuarios realizan actividades ilegales usando el servicio, ¿está legitimado un juez o un organismo gubernamental para retener (y tener acceso a) tus datos? ¿Incluso un organismo de otro país?

This domain name associated with the website Megaupload.com has been seized pursuant to an order issued by a U.S. District Court.

A federal grand jury has indicted several individuals and entities allegedly involved in the operation of Megaupload.com and related websites charging them with the following federal crimes:

Conspiracy to Commit Racketeering (18 U.S.C. § 1962(d)), Conspiracy to Commit Copyright Infringement (18 U.S.C. § 371), Conspiracy to Commit Money Laundering (18 U.S.C. § 1956(h)), and Criminal Copyright Infringement (18 U.S.C. §§ 2, 2319; 17 U.S.C. § 506).

En realidad como decía antes, desde el momento en que cedemos los datos a estas empresas estamos perdiendo el control de los mismos, y cosas de este estilo pueden pasar.

Además cualquier brecha de seguridad en las empresas está inevitablemente unido a la seguridad de nuestros datos, así que también dependemos de que se adopten las medidas oportunas de protección para evitar posibles ataques.

En la mayoría de los casos hasta la fecha las empresas proveedoras de servicios en la nube se han cuidado bastante de proteger correctamente los datos de los usuarios, al fin y al cabo cualquier error de bulto supondría una pérdida de credibilidad por parte de los usuarios y acabarían perdiendo sus clientes, que al fin y al cabo de una manera o de otra son su fuente de ingresos.

Pero veremos algunos ejemplos en donde esto no ha sido así y los datos almacenados en la nube han quedado total o parcialmente expuestos, o donde la información que le proporcionamos a las empresas no ha sido tratada con el suficiente cuidado.

Voy a empezar por el grande de los grandes "The Big One Leak", o La Filtración, un caso en el que se perdieron los datos de más de 150 millones de cuentas de sus usuarios.

El caso Adobe.

En Octubre de 2013 Adobe lanzaba un comunicado a sus clientes informando de una brecha de seguridad en sus sistemas. Esta brecha según explicaba Adobe hizo que los ciberdelincuentes pudieran acceder a código fuente de varios productos, entre ellos Coldfusion y el conocido Acrobat Reader. El anuncio también decía que no habían encontrado ningún indicio que les hiciera pensar que existía algún riesgo para sus clientes, así que en realidad la noticia pasó algo desapercibida.

Security @ Adobe

Working to keep your digital experiences secure

HOME > Illegal Access to Adobe Source Code

By Brad Arkin, Chief Security Officer

acrobat (12)   adobe (2)   attack (1)

Brad Arkin (8)   ColdFusion (2)

ColdFusion Builder (1)   hack (1)

hacker (1)   incident (1)

security (24)   source code (1)

Comments (0)

Created
October 3, 2013

Illegal Access to Adobe Source Code

Adobe is investigating the illegal access of source code for Adobe Acrobat, ColdFusion, ColdFusion Builder and other Adobe products by an unauthorized third party. Based on our findings to date, we are not aware of any specific increased risk to customers as a result of this incident.

Adobe thanks Brian Krebs, of KrebsOnSecurity.com, and Alex Holden, chief information security officer, Hold Security LLC, holdsecurity.com for their help in our response to this incident.

We are not aware of any zero-day exploits targeting any Adobe products. However, as always, we recommend customers run only supported versions of the software, apply all available security updates, and follow the advice in the Acrobat Enterprise Toolkit and the ColdFusion Lockdown Guide. These steps are intended to help mitigate attacks targeting older, unpatched, or improperly configured deployments of Adobe products.

For more information on Acrobat security, please visit the Acrobat Developer Center.

For more information on ColdFusion 10 security, please visit the ColdFusion Developer Center.

Brad Arkin

Chief Security Officer

Unos días después, un archivo llamado adobe.tar.gz es distribuido por las redes P2P, y en su interior se podía acceder a un fichero de texto de 9,3GB con las cuentas de alrededor de 150 millones de usuarios (exactamente 153004873)

Unos días después Adobe sacó varios comunicados, intentando minimizar la importancia de la brecha de seguridad, pero el daño ya estaba hecho, habían sido víctimas de la mayor filtración de datos conocida hasta la fecha.

Los detalles sobre cómo se produjo exactamente la intrusión son aún a día de hoy poco claros, pero lo que sí podemos ver es como en este caso no se prestó demasiada atención a los detalles acerca de cómo se almacenaban los datos de los usuarios, y eso solo empeoró la gravedad de la filtración.

Para eso voy a poner un ejemplo de la base de datos de usuario para ver como es este archivo

Veamos por ejemplo los 10 primeros usuarios del archivo:

```
103238704-|--|-jmyuncker@aol.com-|-r4Vp5iL2VbM=-|-maiden name|--
103238705-|--|-autumnsomer@yahoo.com-|-BB4e6X+b2xLioxG6CatHBw==-|-boyfriend|--
103238706-|--|-fernandograciliano@hotmail.com-|-Cm8mAzxAiwzioxG6CatHBw==-|-Flamengo|--
103238707-|--|-witold.sadowski@gmail.com-|-n+TZlu41zyHioxG6CatHBw==-|-|--
103238708-|--|-isolon08@gmail.com-|-FAniAwP+U13ioxG6CatHBw==-|-|--
103238709-|--|-ojaimayorga2@yahoo.com-|-kxiV+a47bS1f+E5Ulu/AzA==-|-newest|--
103238710-|--|-sanscia@hotmail.com-|-UimSy9NunUU=-|-reg|--
103238711-|--|-hmgc_@hotmail.com-|-sKZcDAyegNzioxG6CatHBw==-|-muacacias|--
103238712-|--|-jose_rb15@hotmail.com-|-7EdrqFiVnE8=-|-scream|--
```

Vemos que la estructura de los datos filtrados parece ser la siguiente:

ID DE USUARIO | -- | CORREO ELECTRÓNICO | CLAVE CIFRA-DA | PISTAS

Hay dos cuestiones que nos llaman la atención rápidamente si estamos acostumbrados a tratar con ficheros del estilo:

Lo primero es que la clave parece estar codificada en base64 (no es problema realmente) y parece tener longitud variable. Esto último es un indicio bastante claro de que no se está usando un algoritmo de Hash (cifrado irreversible, lo típico en estos casos), sino un algoritmo de cifrado reversible de bloques. Sin entrar en temas técnicos esto quiere decir que probablemente todas las claves están cifradas con una única clave de cifrado. De momento este sistema ha sido relativamente beneficioso para la seguridad de las cuentas, pues evita que se puedan ir sacando una a una, cosa que si podría pasar con el otro método, capaz de atacar las contraseñas más débiles, pero presenta el problema de que el día que se consiga la clave se encontrará la forma de descifrar los 150 millones de claves al mismo tiempo, sean buenas o malas contraseñas.

No es descabellado pensar que si alguien no tiene esta clave ya, hay mucha gente intentando conseguirla ahora mismo mezclamos con el método de cifrado anterior podemos directamente sacar las claves de un montón de gente con el siguiente método que se ha conocido popularmente como "el gran puzzle de Adobe".

Este método se basa en el mal criterio de la gente para elegir pistas de recuperación de contraseñas, por ejemplo, ¿cuál creéis que será la clave de alguien que ponga como pista "la clave es 123456"?

Exacto.

Pensaréis que nadie habrá sido capaz de hacer semejante cosa, pero nada más lejos de la realidad, y podemos probarlo fácilmente así:

```
root@CTF:~/Diccionarios y Leaks/Adobe 10# cat adobe.csv | grep "the password is 123456"
102573487-|--|-kingofboxes2000@yahoo.com-|-EQ7fIpT7i/Q=-|-the password is 123456|--
93103691-|--|-photo52@gmail.com-|-EQ7fIpT7i/Q=-|-the password is 123456|--
90011458-|--|-scuzzybutts@yahoo.com-|-EQ7fIpT7i/Q=-|-the password is 123456|--
90117663-|--|-asianboy101@hotmail.com-|-EQ7fIpT7i/Q=-|-the password is 123456|--
94607141-|--|-ryan_maxi@hotmail.co.uk-|-EQ7fIpT7i/Q=-|-the password is 123456|--
73507535-|--|-ryan_mathews7@hotmail.com-|-EQ7fIpT7i/Q=-|-the password is 123456|--
79659030-|--|-ben-youto@hotmail.co.uk-|-EQ7fIpT7i/Q=-|-the password is 123456|--
98314249-|--|-kingofnothing222@hotmail.com-|-EQ7fIpT7i/Q=-|-the password is 123456|--
85889202-|--|-edward_davis109@hotmail.com-|-j9p+RwtWWT8/HeZN+3oiCQ=-|-the password is 1234567890|--
74562004-|--|-kennethchan882005@yahoo.com.hk-|-EQ7fIpT7i/Q=-|-the password is 123456|--
88472740-|--|-the_prolix@hotmail.com-|-dQi0as9PYvQ=-|-the password is 1234567|--
119184551-|--|-anderson11@townschoo.com-|-EQ7fIpT7i/Q=-|-the password is 123456|--
122476276-|--|-can-ararat@hotmail.com-|-EQ7fIpT7i/Q=-|-the password is 123456|--
```

En este ejemplo se nota algo que forma parte de la técnica del puzzle, al usarse el método de cifrado que se usa, dos claves iguales generan el mismo texto cifrado, por lo que todas estas claves que parecen ser "123456" general el mismo texto: -EQ7fIpT7i/Q=-|

Esto nos lleva a que haciendo una segunda búsqueda con este texto podamos encontrar todos los usuarios que tengan de clave 123456, hayan puesto pistas o no.

¿Habrá muchos con esta clave ya que estamos? vamos a probar a contarlos.

```
root@CTF:~/Diccionarios_y_Leaks/Adobe_B0# cat adobe.csv | grep "EQ7fIpT7i/Q=-" | wc -l
1911938
root@CTF:~/Diccionarios_y_Leaks/Adobe_B0# []
```

Estupendo, casi dos millones de personas usan de clave "123456", como estadística no está mal, y además nos lleva a que de este fichero se ha aprendido la prevalencia de determinadas claves, como esta, y los atacantes probarán con las aprendidas con estos métodos antes que intentar cosas más complicadas, así que si usas una clave débil yo iría cambiándola por si acaso.

Lo mismo se podría hacer con un ataque dirigido, es decir, buscar un correo en la lista y a partir de las pistas o rebuscando la clave cifrada para ver si alguien con la misma clave tiene pistas se puede sacar el texto plano.

En fin, aunque parezca un pasatiempo divertido, la realidad que hay detrás del incidente lo convierte en un desastre de proporciones épicas.

A raíz de este incidente Adobe ha enviado correos a sus usuarios para que cambien las contraseñas de sus cuentas, de hecho es imposible acceder a ningún servicio usando las claves filtradas, el problema es ¿cuánta gente usará las mismas contraseñas en otros servicios, empezando por el correo electrónico asociado a la cuenta?.

Datos ¿compartidos? En Dropbox y Box

Otro caso en donde las empresas han puesto poco cuidado en tratar los datos de sus usuarios es el de las dos empresas de almacenamiento en la nube más conocidas: Dropbox y Box

Las dos presentan un grave problema de exposición de los datos que aún hay día de hoy ha sido sólo parcialmente arreglado.

El problema es el siguiente: cuando compartes un archivo con otra persona en Dropbox o Box, nos aparece esta ventana:

Compartir este vínculo con 'RCPT1.png'   ✕

Vínculo al archivo

https://www.dropbox.com/s/1xgwvipbp2veoq4/RCPT1.png?dl=0

🌐 Cualquier persona que tenga el vínculo puede verlo. Establecer visibilidad/caducidad

Enviar este vínculo a

✉ destinatario@mail.com ✕

Esto es un ejemplo|

                                        Enviar   Cancelar

¿Sabías que Dropbox Pro te permite agregar contraseñas y fechas de
caducidad a los vínculos compartidos?   Subir a Pro

Como vemos, la opción por defecto es enviar un vínculo por correo a la persona con la que queremos compartir el archivo, pero en realidad cualquier persona que tenga el enlace puede verla, pero al fin y al cabo ¿quién va a poder adivinar un nombre tan largo y aleatorio del enlace salvo la persona que recibe nuestro correo?.

Pues nadie, bueno... Nadie salvo Google, que "lo ve todo", y si los enlaces son públicos, google puede "verlos" y almacenarlos en su listado de sitios públicos.

Así que solo hay que buscar en google utilizando sus herramientas de filtrado las URL que empiecen por dropbox.com/s o box.com/s y ..

A día de hoy en google no funciona con dropbox.com (hasta hace unas semanas si lo hacía), pero si en bing.

Y es que es muy cómodo acceder a nuestros datos desde cualquier sitio, y compartirlos de forma fácil, pero nos tenemos que plantear si es igual de fácil acceder para gente no autorizada.

Incluso muchas empresas que se dedican al almacenamiento tradicional han añadido a sus productos capacidades para compartir los datos en "la nube", es decir, que podamos acceder a ellos desde cualquier sitio fuera de casa.

Este es el caso de Iomega, que vende NAS (Network Attached Storage) personales, discos duros de gran capacidad que se conectan a la red, y son accesibles desde cualquier ordenador de nuestra red local, o incluso con la configuración adecuada desde cualquier sitio de Internet.

¿Os suena?

Exactamente es la misma idea que con las cámaras IP de las que hablábamos al principio del libro.

Y realmente tienen el mismo problema, así que sin darle más rodeos voy a probar a ver si utilizando exactamente la misma técnica veo algo interesante.

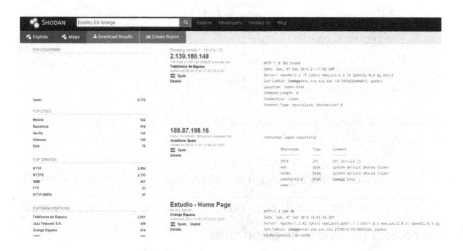

Estupendo, Shodan me muestra más de 6000 "Iomega" sólo en España, pero.. ¿Serán en realidad NAS?

Entramos en uno de ellos para comprobarlo

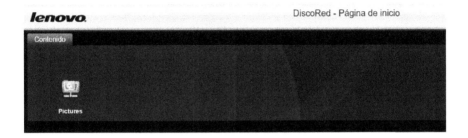

Efectivamente, y como en el caso de las cámaras, en ningún momento se nos ha pedido ningún tipo de autenticación, y podemos acceder a los datos de esta persona, extremo al que no llegaremos porque a pesar de exponerlo al público, entiendo que no es consciente de esto y no le gustaría mucho que rebuscáramos en este caso por sus fotos.

Así que en este caso, incluso un dispositivo que en principio es nuestro y que pensamos que almacena los datos en local, hace accesible al exterior la información privada "gracias" a esas funciones de "almacenamiento en la nube" que quizás alguna persona use alguna vez.

No es el único dispositivo que hace algo similar de forma inadvertida para el usuario de todas formas, otro muy dado a realizar este tipo de operaciones es el teléfono móvil.

El móvil forma parte ya de nuestra vida diaria desde hace años, pero desde la salida de los smartphones de apple y google, dispositivos relativamente asequibles y con capacidad para acceder a Internet con conexiones de datos también asumibles, el tema móvil es ya una invasión.

Ahora forma parte de las costumbres de la mayoría de la población el sacar una foto a la copa que se está tomando a las 2 de la mañana el fin de semana para que la vean sus seguidores de Instagram, o hacerse un "selfie" y subirlo a Facebook a ver a cuantos amigos les gusta, o publicar en twitter cualquier pensamiento u opinión, en cualquier momento del día.

Estamos permanentemente conectados y compartiendo información.

El móvil evidentemente se ha adaptado para facilitar todas estas operaciones, y es muy habitual que las aplicaciones o directamente el sistema operativo guarde o copien la información en "la nube", esto es, en los servidores del creador de la aplicación o del que crea el sistema operativo.

Así, por ejemplo, si tenemos instalado Dropbox en el móvil, es muy probable que una copia de cada foto que saque se guarde en una carpeta en mi cuenta del servicio, o si uso Android, se haga lo propio en Google + (en principio en privado), en el caso de Apple será en iCloud, su servicio de sincronización online, etc... Todos quieren facilitarnos el subir la información para poder tenerla accesible siempre desde cualquier sitio, pero también tienen un extraño apetito por nuestros datos privados.

El problema es que esto hace que nuestros datos sean doblemente vulnerables, o triplemente, o una vez por cada copia de la información que se suba a un sitio distinto.

El Celebgate

Ya hemos visto como por ejemplo dropbox cojeaba a la hora de compartir información pública, esto y otros fallos relativos a la compartición de carpetas y archivos ha hecho que miles de fotos sacadas desde el móvil fueran filtradas a sitios de compartición de archivos.

Otras veces se engaña a la víctima para conseguir sus credenciales del servicio online y así poder conseguir la información almacenada online.

En realidad esto podría pasar con cualquier servicio, pero sin duda el más sonado en los últimos tiempos ha sido la gran filtración de fotos de famosas a finales de este año usando los servicios de iCloud de Apple en un caso al que se ha llamado el "Celebgate".

Antes de explicar cómo han hecho esto, insistir que esto puede pasar, ha podido ya pasar y seguramente pasará más veces en cualquier otro servicio, pero en este caso la peor parte del pastel se lo llevaron los usuarios de Apple. Dicho esto vamos al lío.

La primera parte del ataque de Celebgate empezó con un ataque de ingeniería social, esto quiere decir que más que un ataque que utilice técnicas informáticas supercomplicadas o fallos en la programación de los servicios, se opta por atacar el eslabón más débil de la cadena de la seguridad, que en el 90% de los casos es el usuario.

Y para esto se utiliza normalmente el engaño, como en un timo cualquiera, el atacante se aprovecha de la ingenuidad del usuario o bien de su propia codicia o su falta de responsabilidad.

Así el atacante podría por ejemplo fingir ser el administrador del servicio iCloud de Apple y mandar a la víctima un correo diciendo:

"Hola, soy el administrador de Apple, debido a unos problemas de seguridad debes cambiar la clave de tu cuenta, haz click aquí y cámbiala lo antes posible"

Este texto un poco mejor redactado y con unas manzanas mordidas por aquí y por allá puede convencer a algunas personas de que deben pulsar el enlace y poner su clave vieja y una nueva para cambiarla.

Esa web evidentemente va a ser propiedad del atacante y no de Apple, y se hará con la clave actual del usuario.

Otro método es como decía tirar de la propia codicia o irresponsabilidad del usuario y hacerle llegar un programa "para espiar a tu pareja por el Facebook" o para "instalar emoticonos", y en realidad instalarle un malware que recopile las contraseñas

Sea con el primer método o con el segundo, los ataques de ingeniería social suelen tener un porcentaje de éxito bastante elevado para lo simples que parecen en apariencia.

Una vez el atacante tiene las credenciales puede pasar al siguiente paso del ataque, que será acceder a los datos de la víctima.

Esta parte es peligrosa para el atacante, porque al acceder a los servidores públicos donde se almacenan los datos pueden ser localizados (a través de su IP) por los dueños del servicio. Pero existen distintas herramientas y redes anónimas, como TOR, de la que hablaremos después, que permiten que se realice el resto del proceso siendo prácticamente indetectable

Una vez el atacante consigue su objetivo y tiene los datos de las personas, normalmente los utiliza para chantajear a la víctima, un delito en auge en los últimos años, o bien directamente los publica utilizando las mismas herramientas de anonimato que usó para acceder a la información.

Esto último es lo que pasó en el Celebgate y la broma acabó con fotos de más de 500 famosas publicadas en fotos de Internet en un solo día.

Robo de identidad

Pero el robo de información puede ir más allá y se puede convertir en un robo de identidad. En este caso el atacante se hace pasar por la víctima para realizar acciones en su nombre, generalmente efectuar compras o ventas, acceder a sitios utilizando sus credenciales o sacar información de terceros.

El robo de identidad es cada vez más usual en Internet dada la facilidad con la que es posible obtener información de alguien utilizando buscadores como Google o Bing, o incluso con la información que las propias personas publican en las redes sociales.

En el caso de España en particular, cualquiera, incluso alguien ajeno a la tecnología, puede ver datos personales como su nombre, DNI, dirección o teléfono publicados en Internet e indexados en buscadores porque es costumbre que las publicaciones oficiales como el BOE o los boletines autonómicos o locales publiquen notificaciones poniendo la información completa de los interesados, así como listas de admitidos en convocatorias de ayudas, oposiciones o procesos públicos. Además existen leyes como la LSSI que obligan a cualquier persona que tenga una página web a tener un apartado en donde publique su nombre, DNI y dirección de contacto en la propia web.

Esto hace aquí más fácil que en ningún otro sitio que alguien pueda tener información suficiente para realizar un robo de identidad, sólo hay que unir esos datos con los recopilados en redes sociales, hacer un perfil falso y una dirección de correo falsa y sólo con eso se podrían realizar multitud de trámites online, desde suplantar la identidad en redes sociales hasta dar de alta o de baja servicios como la luz, teléfono, conexión a Internet, gas, etc...

Detectar estos perfiles falsos es a veces complicado debido a la utilización por parte de los atacantes de redes de anonimato como ToR.

Existe una variante que está muy de moda últimamente, y es el robo de identidad en las redes sociales con el objetivo de ligar con alguien con la identidad falsa, y luego sacarle dinero con el pretexto de un viaje para ver a esa persona, regalos, o incluso en ocasiones los suplantadores llegan a pedirle fotos íntimas a la víctima y luego los chantajean con la amenaza de publicar esas fotos en su perfil público o enviárselas a familiares o amigos.

La mejor precaución para evitar este último tipo de ataques es obviamente no exponerse demasiado online con alguien desconocido para evitar ser grabados, ni distribuir imágenes o videos que puedan ser comprometidos.

Capítulo 7: Virus, gusanos y otras plagas.

El término virus está normalmente mal empleado, puesto que el término genérico para los programas que infectan nuestro ordenador es Malware (Malicious Software), siendo los virus un pequeño subgrupo dentro del mismo.

Los virus como tal tienen como característica distintiva la capacidad de replicarse cuando son ejecutados en el sistema operativo huésped, infectando normalmente a otros ficheros ejecutables para poder seguir autoreplicándose.

Hace unos años este era el tipo de malware por excelencia, probablemente de ahí viene la generalización de usar virus para referirse a todo este grupo, pero precisamente su comportamiento tan fácilmente predecible hacía muy fácil para los creadores de programas antivirus el detectarlos. Simplemente se añadía el código que el virus usaba para replicarse a una lista negra de "firmas" y solo había que esperar a detectar la firma en los archivos que entraban en el sistema.

En los años 90 y principios de los 2000, esta estrategia parecía funcionar bastante bien, y el software antivirus era bastante eficaz haciendo su trabajo, incluso desinfectando archivos ya infectados.

Pero desde mediados de la década de los 2000 el número de malware creado superaba en mucho al de software convencional, y los métodos de los creadores de virus para camuflar sus programas eran cada vez más sofisticados, además la variedad de malware creado iba creciendo y empezaban a proliferar los troyanos, gusanos y otras "especies" de malware que hasta entonces no existían o no eran demasiado comunes.

Clasificación del Malware

Antes de continuar, voy a poner una breve lista de los distintos tipos de malware existentes hoy en día y unas características que lo definen, aunque esta clasificación no es exclusiva (un mismo malware puede pertenecer a distintas clasificaciones al mismo tiempo) y las características que definen a un tipo pueden variar según quién los clasifique (una compañía puede considerar algo un troyano por ejemplo, y otra un spyware o directamente considerarlo software convencional)

Virus: Los virus tienen dos características que los definen. La primera es que necesitan un fichero huésped en donde copian su código, la segunda es que usan este código para autoreplicarse e infectar otros ficheros ejecutables.

Troyano: A diferencia de los virus, los troyanos no necesitan un fichero ejecutable en donde alojarse ni se autoreplican. El troyano es un ejecutable que se hace pasar por un programa legítimo pero realiza acciones maliciosas sin que el usuario sea consciente de ello.

Gusano: Parecido al virus, el gusano se autoreplica pero en vez de infectar a otros ficheros, es un programa independiente que utiliza normalmente vulnerabilidades en el sistema operativo o en programas para extenderse a través de la red.

Rootkit: Esta especie de malware es la más difícil de detectar, puesto que se integra con el sistema operativo a muy bajo nivel, normalmente haciéndose pasar por un módulo o controlador de dispositivo, y una vez integrado se oculta a si mismo del usuario e incluso del software antivirus, que es engañado por el propio sistema operativo infectado para ocultar la presencia del rootkit.

Backdoor o RAT: Es una herramienta que deja una "puerta de atrás" que el atacante o creador del programa puede usar para el control remoto del equipo de la víctima.

Ransomware/Cryptware: Es un programa que localiza ficheros específicos en el equipo de la víctima y los cifra o los hace inaccesibles pidiendo un rescate a cambio de liberar la información. Este tipo de malware es cada vez más frecuente hoy en día.

Spyware: Son programas que espían las acciones del usuario, como pueden ser los hábitos de navegación, historial, credenciales o incluso las pulsaciones del teclado en un momento dado. Algunos tipos de spyware no son realmente considerados malware, porque el usuario consiente su instalación, normalmente durante la instalación de otro programa.

La efectividad de los Antivirus

En la gran mayoría de los casos en este boom del malware, el objetivo del mismo era económico, así por ejemplo los troyanos, spyware y similares tenían normalmente la finalidad de acceder a al menos parte de los datos privados del ordenador objetivo para enviarlos al creador del mismo

Y como todo lo que genera dinero, la inversión en el campo del desarrollo de malware acabó dando sus frutos y hoy en día los programas antivirus no llegan a detectar apenas el 60% del malware creado.

En mayo de 2014 la revista Forbes se hizo eco de un estudio realizado por Lastine Labs en el que ponían a prueba la efectividad de diferentes soluciones antivirus frente a malware no existente en sus bases de datos de firmas (evidentemente el malware que ya está en las bases de datos si se detecta), el resultado fue el siguiente:

- El día que se hacía pública la muestra por primera vez a través del servicio público virustotal, en donde era analizado por diferentes motores de detección de virus de más de 40 fabricantes, sólo el 51% de los motores detectaban virus nuevos.

- Los antivirus tardaban de media dos días en detectar malware tras el día del envío.

- Después de dos semanas, esta detección solo subía al 61%

- Después de un año de pruebas, no hubo ningún antivirus que hubiera detectado todas las muestras de malware enviadas para el estudio.

- Un 1% del malware no era detectado nunca por ningún antivirus.*1%

Las cifras no son muy optimistas, pero además este 1% es preocupante, si según un estudio de kapersky labs también de 2014 aparencen cada día 350mil nuevos virus, y existe alrededor de un 1% de indetección total, esto hace la nada despreciable cantidad de 3500 virus diarios que son totalmente indetectables. Por supuesto es una cifra aproximada, pero aunque fueran 500, o 50 virus indetectables al día, me sigue pareciendo bastante grave sobre todo teniendo en cuenta que uno solo de estos virus puede enviar toda nuestra información al creador del mismo.

Pero ¿cómo de difícil es hacer uno de estos virus indetectables?

Para comprobarlo, en una de mis últimas clases de seguridad, mis alumnos y yo hicimos un malware como prueba de concepto con el metasploit framework, una herramienta que permite generar automáticamente un ejecutable infectado con un código que permite controlar de forma remota el ordenador objetivo. Para que el ejecutable no fuera fácilmente detectado por los antivirus, lo pasamos por el Veil framework, un software cuya finalidad es precisamente la de hacer los ejecutables infectados más resistentes a la detección.

El resultado se puede ver en un videoinforme que subimos a youtube en esta dirección:

https://www.youtube.com/watch?v=f5fOCsxWezk

Pruebas de Malware con diferentes antivirus

David Carracedo Martínez

Suscribirse 3

72 visualizaciones

+ Añadir a   < Compartir   ••• Más   2   0

Al final probamos unos 15 antivirus utilizando el procedimiento de instalar el antivirus, actualizarlo, descargar el ejecutable, ejecutarlo y esperar a ver si podíamos obtener el control remoto.

En 14 de las 15 pruebas el resultado fue exitoso y el antivirus ni detecto
el malware ni bloqueó la amenaza remota. En la prueba 15 el Avast!,
antivirus gratuito, tampoco detectó el malware pero su sistema de san-
dbox automático prohibió temporalmente el acceso remoto a la espera
de que el usuario dijera si le otorgaba confianza al ejecutable o no.

A mayores, una vez acabada la prueba local, enviamos la muestra de
malware a un servicio de prueba online en donde no fue detectado por
más de 40 antivirus.

La prueba en total llevó unas pocas horas, y si nosotros fuimos capaces de hacerlo reutilizando código generado por una herramienta tan conocida y en tan poco tiempo, no quiero ni imaginar lo que será capaz de hacer alguien con los conocimientos y los medios necesarios. ¿Virus indetectables? ¡Como mínimo!

El negocio del malware

Como comentaba antes, existe una motivación principalmente económica alrededor de la creación de malware. En realidad existe un entramado bastante complejo y bien organizado de cibercriminales que se dedican a elaborar el malware, distribuirlo, camuflarlo y operarlo.

Y es que una vez infectado con un malware, nuestro ordenador pasa a ser un producto en estas redes de distribución, normalmente pasando a formar parte de redes enormes de cientos de miles o millones de ordenadores también infectados llamados "zombies" y formando lo que se conoce como "botnets".

Realmente si somos ciberdelincuentes no es difícil conseguir una de estas botnets. Tenemos varias opciones de hecho.

La primera sería comprar el software ya preparado para infectar los ordenadores y distribuirlo como ejecutables falsos por ejemplo en páginas web o redes P2P de intercambio de ficheros. ¿Crees que estás bajando el crack para el FIFA 2015? pues no, ahora eres parte de un botnet (esta es la idea)

Además el software no es especialmente difícil de encontrar, una búsqueda en google de "buy botnet software" me lleva a unos foros públicos , me registro y en menos de 5 minutos encuentro multitud de troyanos que pueden cumplir la función. Ejemplo gráfico:

Lizard IRC Botnet is a new botnet coded in C# , it has 2.0 .Net Framework Depedency. Lizard IRC is very good for doing all type of operation you need! Also Lizard IRC will try to gain admin privilage , disable firewall and the antivirus. Right now is the cheapest one with Top Features! But in the future the price will raise up.

Top Features

- ✓ DDOS (5 type of DDOS : slowloris , tcp , udp , http , arme)
- ✓ Stealer (Steal Saved Password on: firefox , chrome , IE , Opera , Safari)
- ✓ Torrent Seeder (This function will allow the seed of your torrent)
- ✓ Elevate (it will try to elevate the bot to admin status)
- ✓ Persistance (if the program is closed it will be reopended)
- ✓ AD Clicking
- ✓ DUC Bypass
- ✓ AntiBotKill
- ✓ Botkiller

- ✓ Sort by country
- ✓ Update the server
- ✓ Download
- ✓ Download & execute
- ✓ Uninstall
- ✓ Visit a link
- ✓ Info of the bot

Este software además, según nos indica su publicidad (como vemos es todo bastante profesional), puede realizar ataques de denegación de servicio utilizando los pcs infectados, robarles datos, almacenar información en los discos de los zombies (seguramente ilegal), etc..

Precio de todo esto:

¡Nunca ha sido tan barato delinquir!

Pero claro, el hecho de infectar a muchos usuarios es un proceso lento, requiere una dosis de ingenio y persistencia, y además es peligroso e ilegal.

Pues no pasa nada, también hay gente especializada en distribuir nuestro software en ordenadores ya infectados.

Otro ejemplo:

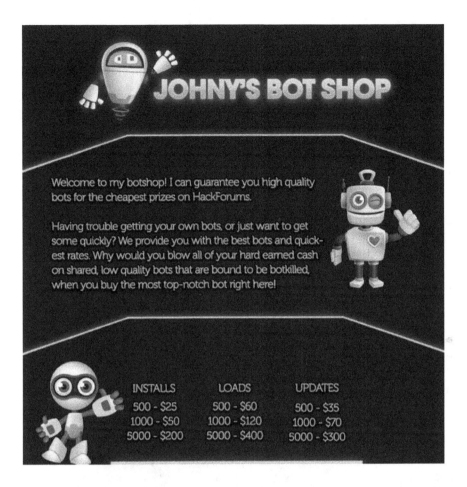

Por 50$ tenemos 1000 instalaciones de nuestro software. Así que de momento con una inversión de menos de 100€ tenemos ya un programa de control de zombies instalado en 1000 ordenadores.

Pero ¿cuántos de estos ordenadores lo detectarán con un antivirus?

Si queremos ser precavidos, debemos hacer indetectable nuestro malware, y para eso también existe un servicio para hacerlo FUD (FUD - Fully Undetectable). Otro ejemplo

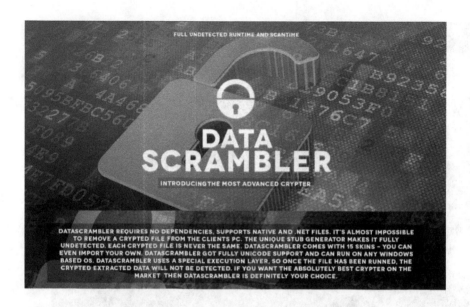

Garantía de ser indetectable, facil uso, etc.. precio:

Es decir, invirtiendo no más de 150€ alguien podría infectar unos 1000 equipos con un software preparado para robar información o hacer ataques y que es indetectable a los antivirus, cada una de las partes son piezas de un engranaje delictivo que como se ve está perfectamente organizado y afinado.

Ante esto, es normal que las redes botnet y por tanto los malware y el negocio que hay detrás no haya hecho más que crecer y crecer en los últimos años.

Pero no solo el malware que tiene como objetivo usuarios y sus datos ha ido aumentando, también ha crecido exponencialmente el malware que tiene como objetivos empresas o incluso gobiernos.

El arma perfecta.

Un concepto que está muy de moda últimamente es el de la computación ubiqua, que básicamente consiste en que todos los dispositivos estén conectados entre sí, compartan datos y tomen decisiones que nos faciliten la vida. Incluso los productos no electrónicos siguen esta tendencia, y nos encontramos con que últimamente aparecen dispositivos electrónicos con forma de pulseras que leen nuestro pulso o calzado de deporte que mide las distancias que recorremos, para pasarle esta información a nuestro smartphone, que lo sube a alguna red social para que nuestros amigos puedan ver lo sanos que somos cada día.

Esto es el ubicomp, y ya está aquí, no es una novela distópica aunque muchos autores de sci-fi predijeron esto ya hace años.

El caso es que si conectamos los dispositivos a la red y permitimos que se comuniquen con nuestros ordenadores, también corremos el peligro de que sean vulnerables a las mismas amenazas, y aquí es donde comienza el problema de los malware de nueva generación, que ya no afectan únicamente a nuestros datos digitales, sino también a nuestros objetos reales.

¿Alguien se imagina un malware escrito para falsificar los datos que tu pulsera de android wear le envía a tu smatphone? Podría hacerte pensar que tus pulsaciones son más bajas de lo que realmente son, y seguramente no al momento, pero con el tiempo suficiente podría suponer un grave problema para tu salud. O un programa que modifique el GPS de tu coche para que te lleve por un camino equivocado, o la programación de tu horno para que queme la comida que has dejado programada.

Todo eso ya puede suceder, la tecnología que lo permite ya existe y la usamos día a día, pero afortunadamente a nadie le interesa (de momento) cometer este tipo de maldades.

Sin embargo a gran escala si han sucedido cosas similares, ya han hecho programas que modifiquen el comportamiento de dispositivos con el objetivo de causar daños en objetos físicos, pero de momento estas armas solo están al alcance de alguien con muchos medios, esto es, una gran inversión en tiempo y recursos humanos que solo un gobierno puede asumir, y en un campo donde el gasto siempre es astronómico y no se ponen límites. La guerra, aunque en realidad a estas alturas ya podemos hablar de **la ciberguerra**.

En los últimos años se han encontrado varias armas de ciberguerra en forma de malware dirigido, voy a poner dos ejemplos aquí: Stuxnet y Flame

Stuxnet

En Junio de 2010, una poco conocida compañía de antivirus llamada VirusBlokAda detectó un nuevo malware llamado Rootkit.Tmphide (más tarde llamado Stuxnet), uno más de los cientos de miles que aparecen al día. Sin embargo algo llama la atención de las compañías de antivirus que atienden a la alerta del nuevo virus por lo específico del mismo, y es que su código no estaba destinado a robar información o a chantajear al usuario como la gran mayoría de los nuevos malwares, sino que estaba destinado a modificar el comportamiento de unos modelos específico de PLC de la marca Siemens con una configuración muy particular. Precisamente esta configuración era usada en varias plantas de enriquecimiento de uranio en Iraq, Afganistan y otros países de la zona, justo la zona geográfica donde fueron detectadas las primeras muestras del malware.

Después de una inspección detallada de las muestras se llegó a la conclusión de que el complejo programa que había detrás de Stuxnet tenía dos objetivos claros, el primero: ralentizar el programa nuclear de Afganistan, el segundo, poner a prueba la primera ciberarma del mundo.

Y es que para llegar a infectar los dispositivos de control de un centrifugador de uranio, con un modelo tan específico de controlador y con unas medidas de seguridad alrededor del acceso a los equipos como se supone pueden tener este tipo de instalaciones hace falta, además de conocimiento específico de qué hardware y software se usa, un detallado informe de inteligencia acerca de quién trabaja en ese puesto, cómo hacerle llegar el malware que en este caso sólo se propagaba a través de USB extraíbles, cómo conseguir que esa persona concreta de ese puesto insertara el USB en el equipo adecuado y además asegurarse de que el programa infectado se ejecutara. Seguramente todo este operativo fue mucho más complejo y costoso que el desarrollo del propio software.

En cuanto al programa, lo que hacía era atacar los rotores por dos vías

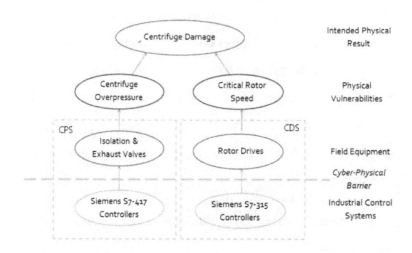

La primera era variar la velocidad de los rotores bruscamente, y la segunda aumentar la presión de las válvulas en los mismos.

La combinación de ambos ataques acortaba la vida de los caros dispositivos, que tenían que ser reemplazados con más frecuencia de lo habitual, encareciendo y ralentizando de forma efectiva el programa nuclear en estos países.

Evidentemente, aunque no se sepa quién desarrolló este software, existen países muy interesados en conseguir este último objetivo, y casualmente coinciden con los países que se pueden permitir el gasto que supone desplegar un operativo tan complejo y costoso como éste.

Flame

Flame aparece en el 2012 y se le considera como una evolución de Stuxnet. Está sobre todo relacionado en cuanto a los objetivos, porque a pesar de ser técnicamente mucho más complejo, un estudio de Flame llevado a cabo por Kapersky descubrió que los principales objetivos del malware era el espionaje a gran escala, particularmente de diseños industriales: planos de Autocad, ficheros PDF y de texto, etc... Y particularmente los diseños industriales de países como Iraq, Irán o Afganistán, una vez más.

Pero en este caso llaman la atención varios detalles acerca del funcionamiento del malware que nos llevan a pensar que hacen falta una cantidad de recursos ingente para crearlo.

El primero es que es un software muy complejo capaz de afectar mediante módulos varias áreas del sistema e incluso dispositivos cercanos accesibles por wifi, bluetooth u otros medios de conectividad, el desarrollo de estos módulos permaneciendo durante largo tiempo inadvertido a los antivirus es realmente difícil de conseguir.

El segundo es que el ejecutable, de más de 20MB en tamaño (realmente enorme para un malware), estaba firmado como un ejecutable válido ni más ni menos que por un certificado propiedad de Microsoft. Sin entrar en muchos detalles técnicos ni en especulaciones acerca de cómo se consiguió firmar ese ejecutable, sólo voy a enumerar las posibilidades:

1.   Se utilizó una vulnerabilidad de colisión en MD5, algo que efectivamente existe y es conocido, pero que requeriría una

inversión de millones de euros en equipamiento para conseguir la capacidad de proceso necesaria para llevarla a cabo

2.   Que directamente alguien robara el certificado o se hiciera con el por algún otro medio

En cualquiera de los dos casos, solo alguien con una capacidad económica enorme o con una gran capacidad de inteligencia/espionaje sería capaz de llevar a término esta parte del software.

Yo por mi partE, no voy a Especular sobre qUien ha podido ser el cUlpable, cada uno que piense lo que quiera, aunque creo que es bastante evidente.

Capítulo 8: Las claves, la privacidad, el dinero y el anonimato.

La verdad es que en este libro no era mi intención inicial hablar de criptografía, principalmente porque quería hacer un libro para todos los públicos y el tema en cuestión es bastante críptico, nunca mejor dicho, para la gente ajena al mundo de la seguridad o de las matemáticas, o más bien de ambas a la vez.

Pero realmente hoy en día hablar de seguridad y no tocar el tema del cifrado es totalmente imposible, porque la mayoría de las soluciones a distintos problemas de seguridad están en la criptografía. De hecho la criptografía está ya unida a muchos aspectos de nuestra vida cotidiana sin que nos demos cuenta, y de ahí el título de este capítulo. Vamos a ver cuatro usos de la criptografía que van desde lo más convencional a lo más exótico, y también veremos como la tecnología y los avances en un campo pueden afectar a otros de forma colateral cambiando por completo de un día para otro el panorama tecnológico.

Empecemos por ejemplo con el uso de la criptografía aplicada a las claves que usamos en prácticamente todos los servicios, programas o sistemas operativos como credenciales de entrada.

La criptografía y las claves

Para entender cómo encaja la criptografía en el tema de las claves, vamos a hablar antes un poco de estadística y de grandes números.

Dice el "teorema de los infinitos monos", que si ponemos a un mono frente a una máquina de escribir el tiempo suficiente (suponiendo que no muera en ese tiempo), o si ponemos el número suficiente de monos (suponiendo que existan infinitos monos), eventualmente uno de ellos escribirá una novela ya existente, pongamos como ejemplo "El Quijote", o "El Cantar de Mio Cid", es lo mismo, de hecho en teoría infinitos monos o infinito tiempo resultaría en que los monos acabarían por escribir todas las obras de la literatura humana escritas hasta la fecha.

Suena lógico, pero realmente los humanos somos muy malos imaginando lo que es infinito, nuestro cerebro puede vagamente hacer cálculos que lo impliquen, pero realmente no podemos imaginarnos nada infinito.

Es más, somos realmente malos con las escalas, con las magnitudes **realmente** grandes, a partir de un límite, normalmente lo que tenemos en el campo de visión, acostumbramos a imaginar las cosas a una escala realmente pequeña.

Un ejemplo, cuando pensamos en lo grande que es la Tierra, el Sol, las estrellas... ¿Realmente pensamos en lo grandes que son?

Así que volviendo al tema de los monos, vamos a intentar hacer una inferencia de esa teoría en una cantidad un poco más real, algo que podamos incluso comprobar, con un número suficiente de monos, máquinas de escribir y tiempo.

Por ejemplo.

¿Cuánto le llevaría a 1 mono escribir correctamente la palabra "monos"?, suponiendo, claro, que

1° El mono sabe pulsar las teclas de la máquina de escribir

2° El mono hace por ejemplo 1 prueba por segundo

3° En cada prueba, el mono pulsa 5 letras

Pues aquí si podemos hacer unos cálculos razonablemente fáciles.

- Una máquina de escribir tiene 102 teclas (un teclado vamos)
- La probabilidad de que se escriba bien la primera letra es 1/102, es decir 0,0098 (0,9%)
- La probabilidad de que se escriban bien las dos primeras letras, al ser sucesos independientes es $1/102*1/102$ o $1/102^2$, es decir $9,61168781 \times 10^{-5}$ o lo que es lo mismo, 0,00009611 (0,009%)

- Al final, la probabilidad de que escriba bien las 5 letras es $1/102^5$, es decir, $9,0573081 \times 10^{-11}$. Aproximadamente un 0,00000000001%, eso es, **si echáramos una lotería en cada pulsación del mono, nos habría tocado la lotería unas 100mil veces antes de que nuestro mono escribiera correctamente la palabra "monos".**

DEL MONO AL ORDENADOR

Evidentemente, el mono no es el animal más adecuado para escribir cosas en una máquina de escribir, si pudiéramos intervenir de alguna manera en el experimento, la forma más facil de ayudar al mono sería hacer que pudiera aprender de sus errores, así si escribe una combinación de letras que no es válida ya no la volverá a repetir, y eso reduce enormemente el número de combinaciones que debe probar para dar con la palabra correcta.

Como no podemos programar a un mono de esa manera, vamos a poner un ejemplo un poco más práctico. Creo un programa de ordenador que escriba datos al azar, y lo programa para que haga exactamente eso, que pruebe a meter cuatro pulsaciones al azar y que no repita las combinaciones que ya ha probado. Veamos que pasa:

- La probabilidad de que saque la combinación a la primera es exactamente la misma, $1/102^5$
- A medida que se hacen más intentos, la probabilidad va en aumento, así, el segundo intento sería $1/102^5-1$, el siguiente -2, -3, etc..

- Después de 102⁵ intentos (11 040 808 032 intentos), la probabilidad es 1/1, es decir, ya se habrán probado todas las combinaciones, así que en una de ellas se habrá dado con la palabra.

Para nuestro mono, 11040808032 combinaciones era mucho tiempo, porque hacía uno por segundo, pero un ordenador puede hacer muchos más intentos.

```
c:\c2>checkpwd system/rdsora1@192.168.2.129/ora102 passwords.txt -weakonly
Checkpwd 2.00a12 - (c) 2005-2007 by Red-Database-Security GmbH
-------------------------------------------------------------------
Oracle Security Consulting, Security Audits & Security Trainings
http://www.red-database-security.com
WARNING! passwords are saved to foundpw.txt and used next time
Using 7-10g Password Algorithm
ALEX has weak password ALEX [OPEN]
ALEX1 has weak password XELA [OPEN]
ALEX2 has weak password ALEX [OPEN]
BI has weak password CHANGE_ON_INSTALL [EXPIRED & LOCKED]
CTXSYS has weak password CHANGE_ON_INSTALL [EXPIRED & LOCKED]
DIP has weak password DIP [EXPIRED & LOCKED]
DMSYS has weak password DMSYS [EXPIRED & LOCKED]
EXFSYS has weak password EXFSYS [EXPIRED & LOCKED]
ICW has weak password ICW [OPEN]
HR has weak password CHANGE_ON_INSTALL [EXPIRED & LOCKED]
MDDATA has weak password MDDATA [EXPIRED & LOCKED]
IX has weak password CHANGE_ON_INSTALL [EXPIRED & LOCKED]
MDSYS has weak password MDSYS [EXPIRED & LOCKED]
MGMT_VIEW has weak password A5226A67EFCB7283E811175092FEB0 [OPEN]
OE has weak password CHANGE_ON_INSTALL [EXPIRED & LOCKED]
OLAPSYS has weak password MANAGER [EXPIRED & LOCKED]
ORDPLUGINS has weak password ORDPLUGINS [EXPIRED & LOCKED]
ORDSYS has weak password ORDSYS [EXPIRED & LOCKED]
OUTLN has weak password OUTLN [EXPIRED & LOCKED]
PM has weak password CHANGE_ON_INSTALL [EXPIRED & LOCKED]
SH has weak password CHANGE_ON_INSTALL [EXPIRED & LOCKED]
SI_INFORMTN_SCHEMA has weak password SI_INFORMTN_SCHEMA [EXPIRED & LOCKED]
TEST has weak password TEST [OPEN]
WKPROXY has weak password CHANGE_ON_INSTALL [EXPIRED & LOCKED]
WK_TEST has weak password WK_TEST [EXPIRED & LOCKED]
XDB has weak password CHANGE_ON_INSTALL [EXPIRED & LOCKED]
TSMSYS has weak password TSMSYS [EXPIRED & LOCKED]
WKSYS has weak password CHANGE_ON_INSTALL [EXPIRED & LOCKED]
WMSYS has weak password WMSYS [EXPIRED & LOCKED]

Done. Summary:
  Passwords checked      : 41988
  Weak passwords found   : 29
  Elapsed time (min:sec) : 0:01
  Passwords / second     : 41988
```

Pongamos por ejemplo que puede probar 100mil veces por segundo (cualquier ordenador hoy en día seguramente podría hacerlo más rapido pero..), en ese caso tardaría 110408 segundos en probar todas las combinaciones, o lo que es lo mismo, 1840 minutos, o 30 horas, algo menos de un día.

Si en vez de usar las 105 teclas hubiéramos usado solo las letras minúsculas por ejemplo, las combinaciones serían solo 14348907 y el tiempo se hubiera reducido a 143 segundos!, poco más de 2 minutos.

CONTRASEÑAS

Llegados a este punto, después de tanto mono, números, cálculos y demás, os preguntaréis **¿a qué viene todo esto?**

Pues muy fácil, esto tiene una aplicación muy práctica, puesto que nosotros protegemos nuestros datos como cuentas de usuario, tarjetas, ficheros o en general el acceso a todo tipo de sistemas, con un usuario y una contraseña. Esto es así en el 90% de los casos, y cualquiera puede hacer un programa que pruebe contraseñas con tu nombre de usuario utilizando este mismo método.

Teniendo en cuenta la diferencia de tiempo entre los 143 segundos usando 5 letras solo minúsculas y las 30 horas usando los 105 caracteres del teclado, parece que hay una **GRAN correlación entre lo larga que es una contraseña, los caracteres que use y su seguridad**, o lo que es lo mismo, el tiempo que a una persona le llevaría averiguar esa contraseña utilizando el método de prueba y error, conocido normalmente como ataque de fuerza bruta.

El que pone "hola" de contraseña, se expone a que alguien, utilizando un programa de fuerza bruta, la averigüe en unos pocos segundos.

Con una clave de 256 bits (32 letras), para probar todas las combinaciones posibles usando un ataque de fuerza bruta deberíamos hacer 2^{256} combinaciones (Cada bit 2 posiciones, y cada uno con una probabilidad independiente)

Esto, haciendo los mismos cálculos que antes, y poniendo que el ordenador siga probando 100mil claves por segundo, nos da que **tardaríamos ni más ni menos que $3.67174306 \times 10^{64}$ AÑOS en comprobar todas las posibilidades.**

Para tener una referencia, la **edad del universo es 13.000.000.000 de años** ($1.3*10^{10}$ años)

Parece que nuestro ordenador debería ser "un poco" más rápido para hacer el cálculo.

O como decía al principio, en vez de poner un mono mucho tiempo, se pueden poner muchos monos, es decir, podría poner muchos ordenadores a repartirse el trabajo, pero si hacemos el cálculo no llegaría la materia de este sistema solar (ni de esta galaxia probablemente) para fabricar los suficientes procesadores de silicio que pudieran disminuir ese tiempo lo suficiente para que esa clave saliera a la luz en nuestro tiempo de vida.

La criptografía además en este caso lo que hace es ralentizar este proceso de varias maneras.

Utilizando algoritmos de resumen (hash) como SHA, las contraseñas se almacenan de forma no reversible, es decir, que para comprobar que una contraseña es correcta hay que aplicar a la clave el mismo algoritmo que se usó para almacenarla, y estos algoritmos tienen un tiempo de computación, por lo tanto probar todas las posibilidades para dar con el hash correcto lleva al atacante considerablemente más tiempo del que le llevaría probar simplemente las claves sin procesar.

Para mayor seguridad, existen algoritmos de derivación de claves como PKDF2 que repiten el proceso de aplicar el resumen mútiples veces (unas 1000 o 2000 veces hoy en día) para ralentizar aún más el proceso de ataque por fuerza bruta.

Ante esto, con un método suficientemente fuerte de hash y de derivación, un ataque a una contraseña robusta es prácticamente imposible.

De todas formas existe otro método de ataque, que es el ataque por diccionario, en donde el atacante usa un diccionario o una lista de contraseñas comunes, así que por muy larga que sea la palabra "esternocleidomastoideo", si está en el diccionario, podemos encontrar la clave en segundos.

Privacidad en el almacenamiento

Otro uso de la criptografía, quizás el más extendido, es el de salvaguardar la privacidad.

Si queremos ocultar algo de la vista de los demás, lo ciframos, y para volver a ver la información original, la desciframos.

Esto se lleva haciendo cientos de años, pero con el avance de la tecnología se han puesto en práctica distintos métodos de cifrado y descifrado realmente eficientes y seguros.

La forma de uso más simple de este tipo de cifrado que se puede después descifrar (reversible) es el llamado cifrado simétrico, en donde se usa una clave para cifrar y la misma para descifrar. Así, si quiero cifrar un archivo con información privada, puedo utilizar un algoritmo de cifrado reversible simétrico con una clave, cifrarlo, y después con la misma clave descifrarlo.

Parece complicado, pero vamos a ver cómo se puede llevar a cabo utilizando software disponible de forma gratuita.

Voy a poner como ejemplo una herramienta llamada Truecrypt que podemos descargar de https://truecrypt.ch/ para Windows, Linux o Mac OS

El caso de Truecrypt es curioso, puesto que a pesar de ser un proyecto open-source (se puede tener acceso al código fuente, ahora a través de github) existen ciertas dudas acerca de su fiabilidad, dudas generadas por el repentino abandono del proyecto por parte del equipo de desarrollo original dejando un aviso en la web que recomendaba usar un software de cifrado de Microsoft llamado Bitlocker y que está incluído por defecto en algunas versiones de Windows.

Pero como con cualquier otro proyecto de código abierto, la comunidad, interesada en el funcionamiento de este software, retomó el desarrollo del mismo y se auditó (o se audita más bien) el código con mucho interés en busca de posibles fallos que llevaran al equipo principal a abandonar el proyecto,

Por mi parte esto merece la misma confianza o más que el software de Microsoft, que no ofrece la posibilidad siquiera de auditar su funcionamiento y se vale de la seguridad por oscuridad, es decir, que ocultando cómo funciona algo supuestamente aumenta su seguridad, algo que año tras año se demuestra falso como indican las comparativas de seguridad entre sistemas abiertos como GNU/Linux o BSD y sistemas cerrados como Mac OS o Windows.

En definitiva, el proyecto truecrypt, como cualquier proyecto de cifrado que sea usado en masa estará sometido a una vigilancia extrema y habrá muchos intereses cruzados, unos para que funcione bien y otros para que deje algún hueco en el que meter las narices. Por mi parte y hasta que no se demuestre su inseguridad, sigue siendo la opción más interesante para cifrar datos.

El funcionamiento de truecrypt es sencillo, lo que permite es crear unas unidades virtuales cifradas, protegidas con contraseña, que se verán como unidades normales una vez pongamos la clave correcta y se dejarán de ver cuando las dejemos de usar, volviendo a pedir la clave para utilizarlas de nuevo. Internamente se utilizarán algoritmos de seguro más que probados y bastante robustos.

Vamos a poner un ejemplo

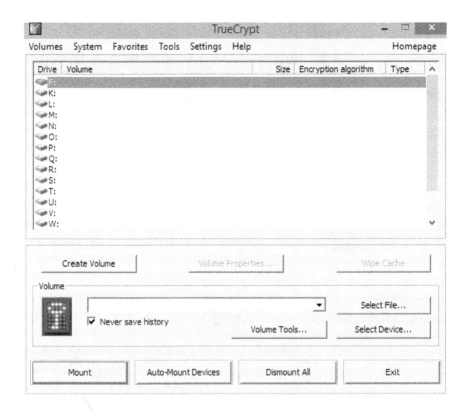

Esta es la pantalla inicial de Truecrypt, vemos que existe una opción para crear una nueva unidad llamada "Create Volume". Esta opción arrancará un asistente que nos irá preguntando cómo queremos que sea nuestra unidad virtual, vamos a ir viendo las opciones que podemos pasarle.

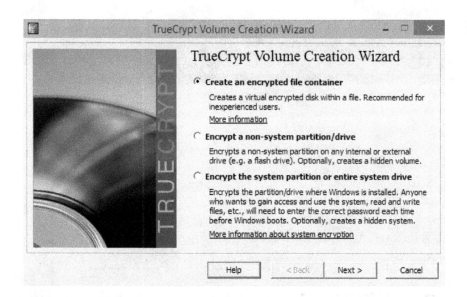

La primera opción "Create an encrypted file container" crea un fichero que contendrá nuestra unidad virtual. Es la opción más sencilla de utilizar y la que vamos a ver en este ejemplo. El fichero que creemos puede ser almacenado en una unidad local o en un disco extraíble, por lo que es una buena opción para llevar datos cifrados por ejemplo en un disco USB.

La segunda y tercera opción es cifrar una partición o un disco entero, que puede ser interesante también para discos extraíbles o discos de dispositivos portátiles que saquemos de casa con frecuencia, para que en caso de robo no puedan acceder a nuestra información.

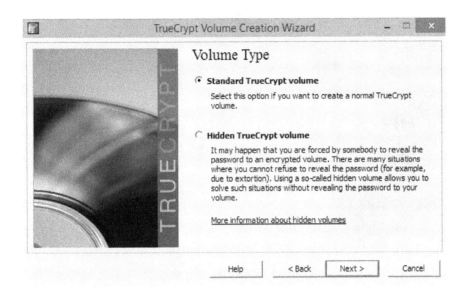

En la siguiente pantalla podemos elegir entre un volumen standard y un volumen oculto.

En este ejemplo utilizaremos una vez más la opción más sencilla que es el volumen standard, una unidad virtual única a la que se accede con una contraseña. Pero la opción del volumen oculto es bastante interesante. Se trata de un volumen "doble", con dos contraseñas para acceder, después a la hora de acceder podremos poner una contraseña u otra dependiendo si queremos acceder a unos u otros datos. Esta opción es interesante para que en caso de que seamos presionados para revelar la contraseña podamos dar la del volumen de datos oculto y no la del volumen de verdad.

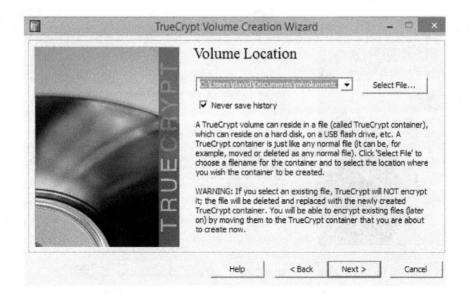

A continuación ponemos la ruta al archivo que contendrá el volumen virtual

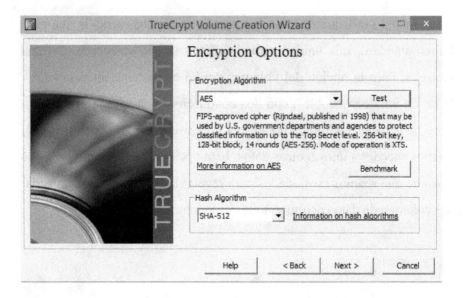

Y por último elegimos una combinación de algoritmo de cifrado (protege la información para que no sea vista sin la clave correspondiente) y otro de hash (hace que la información no pueda ser modificada)

AES + SHA512 es hoy en día una combinación perfectamente válida, pero existen muchas otras opciones.

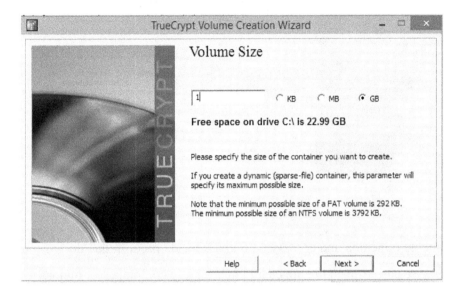

Le damos un tamaño a la unidad virtual que va a ser lo que ocupe el archivo.

Ojo, el espacio se reserva ya en la creación, por lo que tenemos que disponer de ese espacio en el disco en donde vamos a guardar.

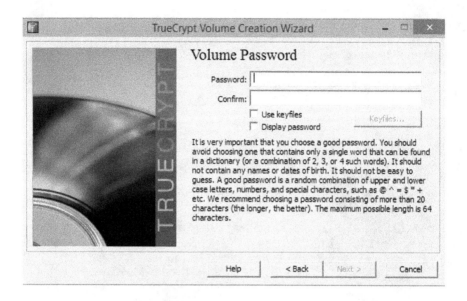

It is very important that you choose a good password. You should avoid choosing one that contains only a single word that can be found in a dictionary (or a combination of 2, 3, or 4 such words). It should not contain any names or dates of birth. It should not be easy to guess. A good password is a random combination of upper and lower case letters, numbers, and special characters, such as @ ^ = $ * + etc. We recommend choosing a password consisting of more than 20 characters (the longer, the better). The maximum possible length is 64 characters.

Finalmente ponemos una contraseña o una frase de paso, ni que decir tiene que en este caso especialmente cuanto más larga y compleja sea, mejor.

Cuando queramos más adelante acceder al volumen, simplemente lo seleccionamos y ponemos la clave.

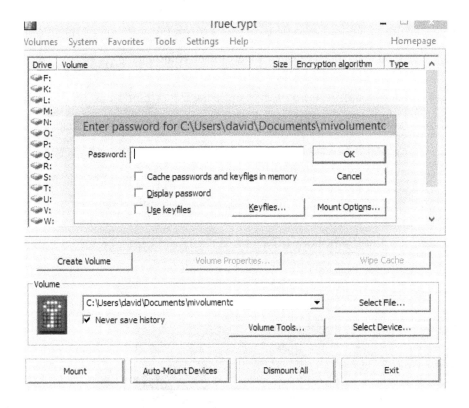

Y aparecerá junto con las otras unidades en "Mi PC"

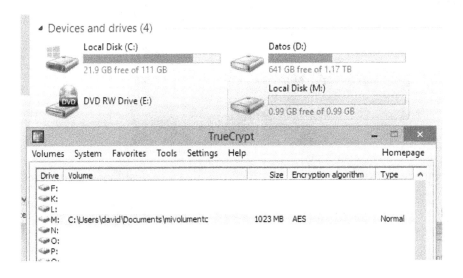

Cuando terminemos de usarlo, le daremos a dismount y los datos quedarán cifrados hasta la próxima vez que montemos el volumen.

Como vemos, no es difícil proteger la información cifrando con un programa de este estilo, y esto es algo muy recomendado sobre todo en dispositivos que sean fácilmente accesibles por otras personas como pueden ser ordenadores compartidos o de trabajo, o en dispositivos que vamos a mover y por tanto se pueden perder o pueden ser robados con facilidad.

En el caso de los smartphones, las últimas versiones incorporan ya sistemas de cifrado que pueden cifrar todo el teléfono y solo lo descifran al desbloquearlo con el pin correcto

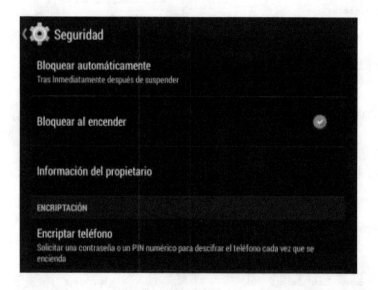

Sin embargo estos sistemas no impiden que una vez desbloqueado el teléfono tras encenderlo se pueda acceder a la información, por lo que debemos además protegerlo con una pantalla de bloqueo con un código o contraseña seguros.

Privacidad en las comunicaciones

En el caso de las comunicaciones, como vimos anteriormente, son muchas las situaciones en las que alguien puede intentar espiar nuestros datos mientras viajan por la red. Ya sean gobiernos, empresas, ciberdelincuentes o simplemente cortillas digitales, hay bastante gente que tiene el peligroso pasatiempo de espiar las comunicaciones ajenas.

Existen casos en donde existe un especial riesgo de que esto suceda, como vimos antes en el caso de las wifis no protegidas, pero en realidad en prácticamente cualquier situación somos más o menos susceptibles de ser espiados cuando enviamos los datos fuera de nuestro PC.

La solución a esto, una vez más, viene de la mano de la criptografía.

En este caso el tipo de criptografía usado cambia un poco con respecto a la usada en el almacenamiento, y es que si en ese caso nos interesaba cifrar y descifrar con la misma clave, en este caso esto no sería muy viable, porque si yo cifro algo para otra persona a la que le voy a mandar la información a través de Internet y esa persona necesita saber la misma clave para descifrar los datos, ¿cómo le hago llegar la clave? ¿por Internet también? porque en ese caso es susceptible de ser espiada, aunque puedo cifrar la clave, pero.. ¿con que clave?, etc..

Para evitar esto, se utiliza un tipo de cifrado llamado cifrado asimétrico.

Sin entrar tampoco en muchos detalles, el cifrado asimétrico funciona de la siguiente manera.

Supongamos que dos personas, Alicia y Pedro, quieren enviarse un mensaje cifrado y deciden usar un sistema asimétrico. El algoritmo permite que cada uno genere dos claves, una pública y una privada, de esta forma tendremos:

ClavePrivada-Alicia

ClavePública-Alicia

ClavePrivada-Pedro

ClavePública-Pedro

Inicialmente Pedro tendrá sus dos claves y Alicia las suyas, pero para que esto funcione Pedro le pasará su ClavePública a Alicia y viceversa.

Hay que tener en cuenta que en este intercambio alguien puede estar espiando, **pero no importa**, porque las claves públicas realmente están para ser distribuidas a cualquiera, no tienen relevancia en cuanto a la seguridad.

Así que al final del intercambio estas son las claves que tiene Alicia

ClavePrivada-Alicia, ClavePública-Alicia, ClavePública-Pedro

y estas las que tiene Pedro

ClavePrivada-Pedro, ClavePública-Pedro, ClavePública-Alicia

Bien, pues, una de las cosas "mágicas" que premie hacer el cifrado simétrico es la siguiente: si Alicia quiere enviar un mensaje cifrado a Pedro, puede usar el algoritmo de cifrado asimétrico usando como clave ClavePública-Pedro, y Pedro podrá descifrar el mensaje usando ClavePrivada-Pedro.

Puesto en claro

Alicia: AlgCifrado(Mensaje,ClavePublica-Pedro)=MensajeCifrado

---

Pedro: AlgDescigrado(MensajeCifrado,ClavePrivada-Pedro)=Mensaje

Y con esto conseguimos cifrar y descifrar sin poner en común ninguna clave secreta en ningún momento, y lo más importante, si alguien ha estado espiando el canal de comunicaciones desde el principio hasta el final, no importa, puesto que todo lo que se ha pasado por el canal son o bien claves públicas o texto ya cifrado.

Evidentemente las matemáticas que hay detrás de esto son muy complejas, y como decía antes, parece realmente magia para personas ajenas, pero el caso es que funciona, y después de muchos años usando métodos como este para cifrar datos de gran importancia, aún no se han encontrado fallos que lo hagan inseguro.

Una aplicación de estos algoritmos que usamos a diario sin saberlo es por ejemplo, cuando accedemos a una página web segura, con el protocolo HTTPS, así podemos enviar y recibir la información del servidor cifrada, evitando que si alguien está espiando las comunicaciones pueda ver el contenido de nuestros mensajes, en este caso el contenido de la web.

Así hoy en día la mayoría de las webs usan este protocolo para proteger la privacidad de sus usuarios, y las que no, deberían hacerlo cuanto antes.

Pero esto normalmente no es suficiente, puesto que alguien podría no solo estar escuchando la comunicación, sino también manipulándola, en este caso lo que hemos visto no llega para proteger la comunicación, porque podría darse el siguiente caso.

Alicia y Pedro se quieren intercambiar un mensaje como antes, pero Pablo quiere interceptar ese mensaje, y sabe que van a usar un método como el anterior, así que Pablo genera su propio par de claves y se pone a escuchar la comunicación.

Así que cuando Alicia le pasa su clave pública a Pedro, Pablo la intercepta y le pasa en su lugar su clave pública, y lo mismo cuando Pedro le pase a Alicia su clave pública. De esta forma el escenario final será este.

Claves de Alicia:

ClavePrivada-Alicia, ClavePública-Alicia, ClavePública-Pablo

Claves de Pedro:

ClavePrivada-Pedro, ClavePública-Pedro, ClavePública-Pablo

Claves de Pablo:

ClavePrivada-Pablo, ClavePública-Pedro,ClavePública-Alicia

Como tanto Alicia como Pedro van a cigrar con la clave pública de Pablo (pensando que es la del otro extremo), el único que puede descifrar la comunicación es Pablo, que luego volverá a cifrar para pasársela al destinatario correspondiente, así un mensaje por ejemplo de Alicia a Pedro seguirá estos pasos:

Alicia: AlgCifrado(Mensaje,ClavePublica-Pablo)=MensajeCifrado1

Pablo: AlgDescigrado(MensajeCifrado1,ClavePrivada-Pablo)=Mensaje

Pablo: AlgCifrado(Mensaje,ClavePublica-Pedro)=MensajeCifrado2

Pedro   AlgDescigrado(MensajeCifrado2,ClavePrivada-Pedro)=Mensaje

Así ni Alicia ni Pedro sospecharán que Pablo está en medio, pero estará interceptando y revisando todos los mensajes de forma transparente.Esto es un ataque llamado MitM (Man-in-the-middle o en castellano, hombre en el medio)

Para evitar esto, los algoritmos de cifrado asimétrico tienen otra función además de la de cifrar los datos, y es el de verificar mediante firmas la autenticidad de los mismos.

El proceso de firma es una operación que sólo se puede hacer con la clave privada y se verifica con la pública, así por ejemplo, para evitar el escenario anterior, Alicia podría firmar los mensajes que le manda a Pedro con su clave privada, y pedro los podría verificar con la clave pública de Alicia

Puesto en pasos

Alicia: Firma(Mensaje,ClavePrivada-Alicia)

Pedro: Verificación(Firma,ClavePública-Alicia)

Si algo ha sido alterado durante la transmisión, Pedro recibirá un aviso a la hora de verificar diciendo qué es lo que ha fallado durante el proceso. Así, si Pablo intenta meter su clave Pública (sin firmar) en el proceso haciéndose pasar por la clave de Alicia, Pedro se podrá dar cuenta.

Esto es lo que sucede cuando entramos en una página y se nos presenta un aviso del navegador diciendo que algo falla en el certificado de la web.

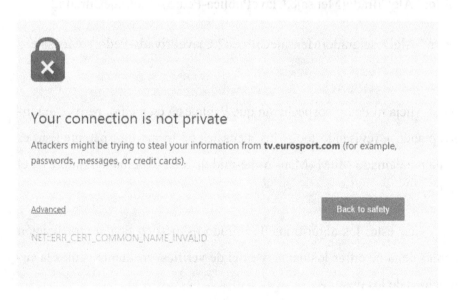

Your connection is not private

Attackers might be trying to steal your information from **tv.eurosport.com** (for example, passwords, messages, or credit cards).

Advanced   Back to safety

NET::ERR_CERT_COMMON_NAME_INVALID

En este ejemplo el error que nos da el navegador CERT_COMMON_NAME_INVALID es precisamente lo que acabamos de ver con Alicia y Pedro.

Existe una clave pública, es técnicamente válida, pero está emitida para otro nombre distinto al de la web que queremos acceder (¿será Pablo?)

Podemos acceder igualmente, pero bajo nuestra propia responsabilidad, sabiendo que alguien puede estar interceptando la comunicación desde este mismo momento y por lo tanto podemos estar inseguros.

A veces los errores de certificados son por otros motivos técnicos, por ejemplo, no es poco frecuente que los certificados usados en las webs tengan un periodo de validez de varios años y pasado este tiempo el certificado expirado genere un error similar.

En cualquiera de los casos, sería recomendable ponerse en contacto con el administrador de la web para saber si el error es por cuestiones técnicas, o algo temporal, o realmente se trata de un grave fallo de seguridad, y nunca pulsar el botón "si, déjame entrar de todas formas" sin saber lo que estamos haciendo.

La criptografía y el dinero

Desde el principio de la humanidad se han utilizado diversos materiales o representaciones de los mismos como método de cambio. Desde el trueque directo en donde se intercambiaba materia por materia hasta el dinero, que si lo pensamos fríamente no es nada más que una representación virtual de nuestro trabajo, que cambiamos por trabajo de otros.

Tradicionalmente todas estas divisas han estado controladas por bancos centrales o gobiernos, que regulan su emisión para controlar el coste de los productos o el poder adquisitivo de los ciudadanos. Por lo que se ha visto hasta la fecha, el resultado de estos controles no es siempre el más conveniente para la mayoría de la población del planeta.

En 2009 nace una nueva divisa que no depende de ningún gobierno ni entidad central, esta divisa es el **Bitcoin**, y usa un método de prueba de trabajo para controlar su emisión, que básicamente consiste en resolver problemas criptográficos utilizando nuestro procesador. En los orígenes del Bitcoin, era posible generar moneda utilizando únicamente nuestro procesador principal (CPU), pero la dificultad para la generación de moneda ha ido en aumento, y hoy en día son necesarias decenas o cientos de personas utilizando dispositivos especializados para generar unos cuantos bitcoins, el objetivo de esto es controlar que no se genere bitcoin de forma indefinida para evitar la devaluación de la moneda.

Una vez puesta en marcha, la moneda funciona como cualquier otra, es decir, se puede gastar para comprar servicios o productos y la persona a la que le pagan con esta moneda a su vez la puede gastar para comprar otros productos o servicios. Pero existen varias diferencias con una divisa convencional:

- La moneda no está asociada a una persona, sino a una clave pública. Esto hace que no se pueda identificar quién es el propietario de una moneda en un momento dado.

- Si esa persona hace un pago a otra, lo que hace es añadir la clave pública del destinatario a la moneda y firmar con su propia clave la transacción. Esta operación es también anónima.

- Las transacciones, a pesar de no contener ninguna información personal del origen o del destino, son distribuidas por una red P2P y pueden ser públicamente auditadas, de esta forma se evitan posibles fraudes como el doble gasto de la misma moneda.

- No existe ningún organismo de control sobre la moneda, sino que todo el mundo que se une a la red puede ver todas las transacciones y generar moneda (si tiene la capacidad de computación o la suerte suficiente)

Con estas características tan peculiares, el Bitcoin no tardo en convertirse en la primera criptodivisa usada en masa, llegando a cotizarse a más de 1000€ cada Bitcoin después de ser conocida en los medios de comunicación y mercados tradicionales.

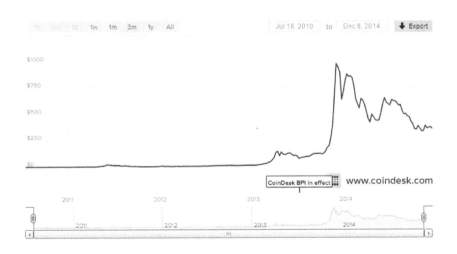

Ha sido tanta la expectación que ha levantado, que algunos países han prohibido cautelarmente el uso del Bitcoin, y otros han legislado para que sea obligatorio identificarse para realizar cambios entre esta y otras divisas, por temor a que sea usada para cometer actividades de blanqueo de capital u otros fraudes económicos.

Si queremos entrar en el mundo del Bitcoin, lo primero que necesitamos es una cartera de Bitcoins. Esto es, o bien un software que nos genere direcciones con las que poder recibir bitcoins, hacer pagos o realizar o supervisar transacciones, o bien un servicio web que gestione la cartera por nosotros.

La mejor manera si queremos hacer transacciones 100% anónimas es usar una cartera de software en nuestro PC. Voy a poner un ejemplo de como se usa con la cartera llamada Armory, que es una de las más conocidas para Windows.

Para que la cartera funcione, tenemos que instalar antes el Bitcoin Core de la página oficial, y ponerlo a sincronizar, esto es, a que se descargue todas las transacciones que se han hecho en la red de Bitcoin hasta la fecha. Esto puede llevar bastante tiempo, entre unas horas y un día dependiendo de la conexión.

El propio programa armory puede sincronizar la red vía torrent, así que mi recomendación es que llegados a este punto se cierre el Bitcoin y se arranque armory, para que este continue el proceso.

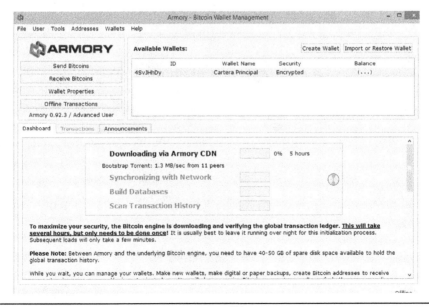

La primera vez que lo arrancamos nos pedirá que creemos una cartera que yo he llamado "cartera principal", es importante que la protejamos con una buena clave y que a poder ser hagamos un backup de la misma, porque si la perdemos, perderemos nuestros bitcoins y por tanto nuestro dinero.

A partir de ahí, las transacciones se pueden recibir y hacer de manera anónima.

Como todo, el uso de esto puede ser positivo, puesto que protege nuestra privacidad y a todos nos gustaría en un momento dado mantener ciertas operaciones en secreto, pero también puede usarse para realizar operaciones fraudulentas sin control, o hacer compras o ventas de dudosa legalidad.

Así que si usamos Bitcoin para realizar transacciones hay que tener en cuenta siempre esto, estaremos en un espacio sin control y hay que actuar con la cautela necesaria ante tal escenario.

La criptografía y el anonimato

Además de las transacciones, se pueden hacer prácticamente todo tipo de operaciones con un anonimato relativo dentro de Internet.

Siguiendo un sistema distribuido y con ayuda de distintos protocolos de red y algoritmos de cifrado similares a los explicados anteriormente, la red ToR (The Onion Router) permite que un usuario pueda acceder a servidores o publicar contenidos de forma anónima, esto es, sin que el servidor sepa quien es el que accede (su dirección IP) o sin que sepamos la dirección real del servidor onion al que nos estamos conectando.

Para entender como funciona ToR, voy a explicar el ejemplo de la propia página del proyecto, en donde un usuario Alice se quiere comunicar con otro Bob, sin que este último sepa que es Alice, es decir, manteniéndose anónimo.

Para eso, en un primer paso, Alice se descarga con un programa cliente un listado de nodos ToR de un servidor de directorio

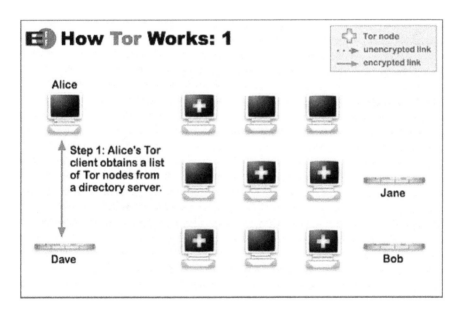

Una vez obtiene la lista, se conecta mediante una conexión cifrada a uno de esos nodos y se selecciona un camino aleatorio hacia BoB, este camino no será el más eficiente seguramente, pero el hecho de que sea aleatorio hace que sea más difícilmente predecible y por lo tanto que se pueda localizar al origen de la comunicación..

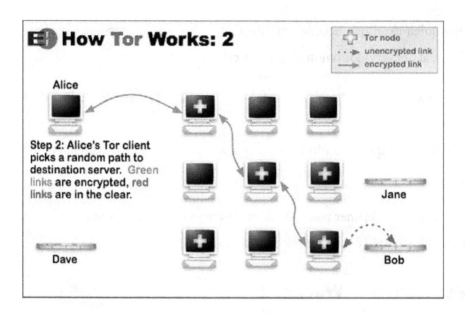

Una vez seleccionado el camino, se realiza la conexión a través de los nodos, de forma que Bob verá como origen de la conexión al último nodo ToR por el que ha pasado la conexión de Alice.

El circuito se mantiene durante 10 minutos o hasta que el usuario fuerce la selección de un nuevo circuito, en cualquiera de los casos, si el usuario visita un nuevo sitio será a través de un nuevo camino aleatorio

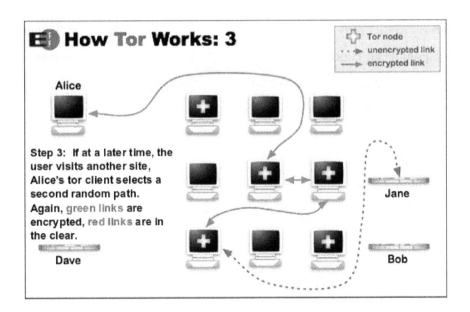

How Tor Works: 3

Tor node
unencrypted link
encrypted link

Alice

Step 3: If at a later time, the user visits another site, Alice's tor client selects a second random path. Again, green links are encrypted, red links are in the clear.

Dave

Jane

Bob

Por otra parte, la red permite que Bob aloje un servicio anónimo, pudiendo publicar utilizando un dominio especial .onion sus servicios sin que se sepa su dirección real.

Lamentablemente, este anonimato ha sido ampliamente usado para cometer todo tipo de delitos, y no solo delitos digitales, sino también como plataforma para realizar operaciones de venta de drogas y armas o distribución de pornografía infantil. Esto ha hecho que el uso de esta red haya sido objeto de vigilancia por parte de las fuerzas de seguridad de distintos gobiernos, e incluso se hayan realizado ataques a los usuarios de la misma con el objeto de localizar y erradicar estos elementos ilegales. Algunos de estos ataques han tenido cierto éxito, y varias páginas ilegales se han cerrado en los últimos años.

Pero si lo que queremos es utilizar simplemente algún servicio de forma anónima, ToR puede ser nuestro gran aliado.

Su utilización es muy sencilla, sólo necesitamos descargar un pack que está disponible en la propia web del proyecto ToR que contiene el servicio junto con un navegador (Firefox) configurado para usarlo y con extensiones de seguridad para mantener el anonimato.

Una vez lo descarguemos, solo debemos ejecutar el Firefox incluido en el pack y ya estaremos navegando de forma anónima, aunque es muy recomendable para evitar cierto tipo de ataques que pueden desvelar nuestra dirección IP original, activar la extensión NoScript, que desactiva el JS en las webs que visitamos.

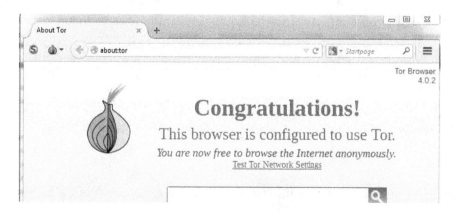

Una vez tenemos el navegador y hemos ajustado la configuración de seguridad y las extensiones, podemos usar el buscador Startpage (a la derecha) o servicios de catálogo de sitios onion como "The hidden wiki", que es un catálogo de enlaces mantenido por la comunidad de usuarios de Tor u otros similares.

Recordad que el anonimato no es una carta blanca para cometer acciones ilegales, y que hay que ser responsables en el uso de este servicio.

Capítulo 9: Conclusiones y recomendaciones

Cuando hablo de estos temas con conocidos, alumnos o familiares, la reacción suele estar en uno de dos extremos: o bien toman la actitud de "me da igual, para lo que guardo en el ordenador.." o bien la de "me voy al monte, alejado de toda la tecnología para siempre jamás.".

Ni que decir tiene que son formas de hablar, nadie se ha ido al monte todavía por mi culpa (aunque ganas no hayan faltado), pero si dejan entrever dos aproximaciones al problema de la seguridad, la de pasar de todo y la de volverse paranoico o dejar de usar soluciones tecnológicas, a pesar de que estas nos puedan facilitar la vida, por el miedo a la inseguridad.

No voy a engañar a nadie a estas alturas de la historia, he contado mil y una formas en las que nos pueden espiar, robar información, engañar, etc... Y eso existe y está ahí, y no existe una solución mágica que elimine las amenazas tecnológicas, como tampoco existe un solo remedio para eliminar los peligros en la vida cotidiana.

Pero si existen una serie de recomendaciones y de buenas prácticas que pueden ayudarnos a que nuestra vida digital sea bastante segura. He intentado hacer un decálogo para que sean pocas y fáciles de memorizar, pero realmente esto es un proceso del que debemos estar siempre pendientes, estando al día de nuevas amenazas y nuevas soluciones a los problemas que van apareciendo cada año y no, no estoy publicitando ninguna segunda entrega de este libro.

Así que con este decálogo y con la idea de que no todo está perdido acabo este libro, confiando en que todo lo que has leído hasta aquí haya servido como toque de atención a navegantes, nunca mejor dicho.

Decálogo de buenas prácticas para una vida digital segura

1- Ningún antivirus o firewall va a ser tan efectivo como el sentido común. Si no confías en el origen de un archivo que estás a punto de ejecutar, no lo ejecutes, y si no confías en el sitio al que estás a punto de acceder, lo mejor que es no accedas.

2- Nunca un administrador, amigo, compañero de trabajo o superior debería pedirte tus contraseñas o datos de acceso a ningún recurso. Los administradores tienen herramientas para acceder a donde necesitan sin necesidad de que les facilites estos datos, así que si alguien te solicita tus credenciales es probablemente un engaño o un mal informático.

3- Tapar la cámara cuando no se usa es, hoy en día, una buena idea. No publicar o compartir videos grabados con ella que no queremos que sean públicos en un momento dado, también.

4- Examina siempre cuáles son las opciones de configuración que ofrece un programa y cuáles son los ajustes por defecto. Esto es especialmente importante en el caso en el que existan contraseñas o usuarios por defecto. Cámbialos, siempre.

5- Usa siempre contraseñas seguras y difíciles de predecir. No existe una norma fija, pero una contraseña de al menos 10 caracteres, con mayúsculas, minúsculas y números es bastante segura hoy en día. No está de más cambiarlas cada cierto tiempo y siempre se debería usar una distinta para cada servicio.

6- Mantén siempre actualizado el software. Las revisiones suelen arreglar problemas de seguridad que pueden ser usados para acceder a tu sistema. Si el problema es que para actualizar tienes que comprar el software, cómpralo, si no quieres comprarlo no lo uses, siempre hay alternativas gratuitas para cualquier programa.

7- Si usas Windows, instala un antivirus. Da igual que sea gratuito o de pago, son igualmente poco eficaces, pero poco eficaces es mejor que nada. Si usas Mac Android o iOS, intenta conseguir un antivirus también, hoy en día hay malware en cualquier plataforma.

8- Si eres celoso de tu privacidad, no publiques nada íntimo en redes sociales, foros, servicios en la nube o cualquier otro sitio al que pueda acceder más gente. Cuánto más privado sea el contenido que publiques, más gente estará interesada en acceder a el, seguro.

9- Dar datos acerca de tu localización, tus horarios, tus rutas o en general tus hábitos diarios solo hace la vida más fácil a ladrones, acosadores, cotillas y demás criminales. Mantén al mínimo la publicación de este tipo de información.

10- Infórmate acerca de los servicios que usas, los programas que instalas, los archivos que descargas o los dispositivos que compras. La desinformación suele ser el primer paso hacia la mala utilización

Glosario

AES: Algoritmo de cifrado simétrico reversible que es utilizado como standard en la mayoría de sistemas hoy en día.

Bitcoin: Divisa electrónica que permite las transacciones anónimas

Botnet: Conjunto de ordenadores infectados controlados por una misma persona o entidad. Pueden llegar estar formados por millones de estos ordenadores zombies.

Cryptware: Tipo de malware que secuestra y cifra los archivos del usuario para después pedir un rescate para descifrarlos

DES: Algoritmo de cifrado simétrico reversible muy usado hace años pero con graves problemas de seguridad en la actualidad.

DoS: Denial of Service. Ataque que imposibilita el acceso a un servicio o recurso

EXIF: Metadatos incrustados en las fotografías.

HTTP: Protocolo de transferencia de hipertexto. Utilizado para transferir páginas web entre el servidor y el cliente.

HTTPS: HTTP + SSL

IP: Se utiliza tanto para referirse a la dirección de Internet de un dispositivo como para el protocolo de comunicaciones standard de Internet.

Malware: Software malicioso.

MD5: Algoritmo de resumen (hash) no reversible. Presenta problemas de seguridad notables.

MitM: Man in the Middle. Ataque consistente en situarse entre dos equipos que se comunican con el objetivo de interceptor o manipular sus comunicaciones

P2P: Red de pares en donde todos los miembros de la red tienen las mismas funciones. También se usa el término para referirse a las redes de intercambio de ficheros.

PLC: Controlador programable. Se utiliza normalmente para controlar módulos de sistemas industriales.

Ransomware: Ver Cryptware.

RAT: Remote Access Tool. Herramienta de control remoto normalmente usada con fines maliciosos para controlar ordenadores ajenos

SSL: Sistema de seguridad que se puede añadir como complemento a otros protocolos no seguros para implementar cifrado, autenticación o ambos.

ToR: The Onion Router. Red de pares que posibilita la nevageción anónima de sus usuarios.

Torrent: Sistema de transferencia de archivos distribuido.

Virus: Variedad de malware que se autoreplica e infecta otros ficheros

www.ingramcontent.com/pod-product-compliance
Lightning Source LLC
Chambersburg PA
CBHW071159050326
40689CB00011B/2182